BEI GRIN MACHT SICH IHR WISSEN BEZAHLT

AF167893

- Wir veröffentlichen Ihre Hausarbeit,
  Bachelor- und Masterarbeit

- Ihr eigenes eBook und Buch -
  weltweit in allen wichtigen Shops

- Verdienen Sie an jedem Verkauf

Jetzt bei www.GRIN.com hochladen
und kostenlos publizieren

Petra Fischbäck

Geschichte Afrikas. Einführung in die deutsche Kolonialgeschichte

GRIN Verlag

Bibliografische Information der Deutschen Nationalbibliothek:

Die Deutsche Bibliothek verzeichnet diese Publikation in der Deutschen National-
bibliografie; detaillierte bibliografische Daten sind im Internet über http://dnb.d-
nb.de/ abrufbar.

Dieses Werk sowie alle darin enthaltenen einzelnen Beiträge und Abbildungen
sind urheberrechtlich geschützt. Jede Verwertung, die nicht ausdrücklich vom
Urheberrechtsschutz zugelassen ist, bedarf der vorherigen Zustimmung des Verla-
ges. Das gilt insbesondere für Vervielfältigungen, Bearbeitungen, Übersetzungen,
Mikroverfilmungen, Auswertungen durch Datenbanken und für die Einspeicherung
und Verarbeitung in elektronische Systeme. Alle Rechte, auch die des auszugsweisen
Nachdrucks, der fotomechanischen Wiedergabe (einschließlich Mikrokopie) sowie
der Auswertung durch Datenbanken oder ähnliche Einrichtungen, vorbehalten.

Impressum:

Copyright © 2014 GRIN Verlag GmbH
Druck und Bindung: Books on Demand GmbH, Norderstedt Germany
ISBN: 978-3-656-88967-0

Dieses Buch bei GRIN:

http://www.grin.com/de/e-book/288696/geschichte-afrikas-einfuehrung-in-die-
deutsche-kolonialgeschichte

GRIN - Your knowledge has value

Der GRIN Verlag publiziert seit 1998 wissenschaftliche Arbeiten von Studenten, Hochschullehrern und anderen Akademikern als eBook und gedrucktes Buch. Die Verlagswebsite www.grin.com ist die ideale Plattform zur Veröffentlichung von Hausarbeiten, Abschlussarbeiten, wissenschaftlichen Aufsätzen, Dissertationen und Fachbüchern.

Besuchen Sie uns im Internet:

http://www.grin.com/

http://www.facebook.com/grincom

http://www.twitter.com/grin_com

Vorlesungsmitschriften: Einführung in die deutsche Kolonialgeschichte

Heinrich-Heine-Universität Düsseldorf, WS 13/14

Vorgelegt von: Petra Fischbäck

Es geht in dieser Veranstaltung immer um Kolonien der Neuzeit. Hochimperialismus, ab 1884.

Definition Kolinialismus, aus Jürgen Osterhammel: Kolonialismus. Geschichte, Formen, Folgen (S. 16) "Eine Kolonie ist ein durch Invasion (Eroberung und/oder Siedlungskolonisation) in Anknüpfung an vorkoloniale Zustände neu geschaffenes politisches Gebilde, dessen landfremde Herrschaftsträger in dauerhaften Abhängigkeitsbeziehungen zu einem räumlich entfernten 'Mutterland' oder imperialen Zentrum stehen, welches exklusive 'Besitz'-Ansprüche auf die Kolonie erhebt."

Es ist aber in Wirklichkeit nicht so, dass in diesen Ländern vorher "nichts" war. Das ist genau die Denkweise der Kolonialherren.

Man sollte aber nicht mit so einer moralischen Frage anfangen, also mit der Frage, ob der Kolonialismus gut oder schlecht war, sondern einfach die Geschichte erforschen.

Ab 1884: Formelle Beteiligung Deutschlands am Erwerb von Kolonien. Bismarck war vorher strikt gegen Kolonien, da er Konflikte mit anderen europäischen Mächten fürchtete.

Beispiele für Kolonien:
Deutsch-Südwestafrika (= Namibia) ab 1884
Togo ab 1884
Kamerun ab 1884
Deutsch-Ostafrika ab 1885
Deutsch-Neuguinea ab 1885
Kiautschou 1898
Samoa 1899

Es wird eine Karte der Kolonialgebiete gezeigt.
Problem: Die Karte zeigt den Zustand 1914, also die Endpunkte der Entwicklung. Außerdem vermittelt sie die Illusion einer totalen Kontrolle der Gebiete, die es so aber nicht gab. Vor allem in Kamerun gab es fast keine Präsenz von Kolonialbeamten. Die Karte zeigt also zum großen Teil Ansprüche, und nicht Wirklichkeiten.

Grenzen wurden teilweise willkürlich gezogen, ohne Rücksicht auf die ortsansässige Bevölkerung. Kamerun hat oben z.B. so einen "Schnabel", weil man noch den Tschadsee erreichen wollte.

Ende der deutschen Kolonialgeschichte:
Während des Ersten Weltkrieg wurden die meisten Kolonien bereits faktisch verloren, im Versailler Vertrag wurde dann festgelegt, dass die Kolonien (als Entschädigungsleistung) abgegeben werden mussten. Außerdem wurde argumentiert, dass Deutschland "nicht fähig zu Kolonisation" sei und es den

"Eingeborenen" gegenüber daher unfair sei, die Kolonien bei Deutschland zu belassen. Die Alliierten haben versucht, diese These empirisch zu beweisen. Zu diesem Zwecken haben sie z.B. in Kamerun Oral History betrieben.

"Blaubuch" (eine Kampfschrift, veröffentlicht vom britischen Parlament), enthält Zeugenaussagen von Afrikanern. Das Blaubuch sollte später wieder vernichtet werden, um die Beziehungen zu den z.B. in Namibia verbleibenden deutschen Siedler zu entspannen. Einige Exemplare sind jedoch erhalten geblieben.

Es gab bis 1945 deutsche Kolonialschulen. Aber 1943 wurde bereits die Planung für die Kolonien eingestellt → Ende der Kolonialzeit 1943 oder 1945?
NS-Planungen, "Mittelafrika" (gab es nie, war immer nur in Planung) wieder erstehen zu lassen.

"Kolonismus ohne Kolonien" = die Zeit nach dem Ersten Weltkrieg, als die Alliierten z.B. noch Propaganda gegen Deutschland verbreiteten (Blaubuch).

1918: Ende des Ersten Weltkriegs und Ende der Kolonialzeit für Deutschland

Frederick Cooper: Colonialism in Question (dt.: Kolonialismus denken)
Ade Ajayi: Afrikanischer Historiker, "Colonialism: An Episode in African History", in: Lewis H. Gann und Peter Dugnan (Hrsg.) Colonialism in Africa.
Jürgen Osterhammel: Kolonialismus. Geschichte, Formen, Folgen. (evtl. kaufen)

Drei Arten von Kolonien:
– neuenglischer Typ
– afrikanischer Typ
– karibischer Typ

– Beherrschungskolonien (z.B. Togo), relativ wenige aus dem Mutterland entsandte Beamte, die wieder nach Hause zurück kehren.
– Stützpunktkolonien. Zweck: wirtschaftliche Erschließung des Landes, z.B. in China
– Siedlungskolonien. Es siedeln sich z.B. Pflanzer, Farmer, etc. an und stellen örtliche Arbeitskräfte ein. z.B. Deutsch-Südwestafrika. Auch: Neuengland, USA, Kanada, Australien, Südafrika. ... Die Siedlung ist militärisch unterstützt, d.h. das sind nicht nur "normale Einwanderer".

Einführung in die deutsche Kolonialgeschichte, 31.10.13

Reinhard Wendt: Vom Kolonialismus zur Globalisierung (Pflichtlektüre, falls man geprüft werden möchte, allerdings nur die ersten Kapitel)

Idealtypische Definitionen (WH vom letzten Mal):

Beherrschungskolonien: Meist das Resultat militärischer Eroberungen, Ziel: wirtschaftliche Ausbeutung (Osterhammel), z.B. Britisch-Indien, Togo (dt.), Frz. Indochina

Stützpunktkolonien, oft durch Flottenaktionen, Ziel: indirekte koloniale Erschließung eines Hinterlandes, z.B. China (dt.), Hong Kong, Singapur

Siedlungskolonien. Der Unterschied zur Migration ist die militärische Unterstützung.
Ziel: Nutzung des Landes (Farmen, Plantagen), auch: Versklavung (karibischer Typ)
Neuenglicher Typ: Extreme Dezimierung der ursprünglichen Bevölkerung, z.B. USA, Australien
Afrikanischer Typ: z.B. Namibia
Karibischer Typ: z.B. Jamaika, Kuba, Brasilien. Versklavte Bevölkerung.

Viele Kolonien weisen Merkmale mehrerer Typen auf und lassen sich daher nicht genau einteilen.

Vorgeschichten in europäischer Perspektive:

Periodisierung des Kolonialismus:

Afrika und Asien waren bereits in der Antike in Kontakt mit Europa, z.B. Feldzug Alexander des Großen an den Indus. Einzelne römische Reisende erreichten Indochina.
Kreuzzüge: Kontakte nach Osten
Iberisches Reich: Expansion nach Europa

Pilgerfahrt eines afrikanischen Königs (Mansa Mussa I von Mali, 1280-1337) nach Mekka führte zu einem Goldwertverlust in Europa

Europa hatte im Mittelalter eine periphere Rolle in der Welt. Asien war wichtiger. Europa empfing Impulse aus Asien, negative Handelsbilanz Europas zu dieser Zeit.

Oft heißt es, dass die europäische Expansion ihren Anfang in den italienischen Stadtstaaten nahm.
Der Fernhandel trug erheblich zum Reichtum dieser Stadtstaaten bei, z.B. Venedig, Genua.
Übergang von der Silber- zur Goldwährung, denn die islamischen Handelspartner forderten Anfang des 13. Jahrhunderts Gold, akzeptierten Silber nicht mehr.
Bargeldlose Zahlung z.B. Wechsel ab dem 13. Jahrhundert.

Reich der Mongolen → Europäer konnten bis China reisen, z.B. Marco Polo.

Vollmacht (Prokura): Eine Person konnte einen Kaufmann vertreten und daher an vielen Orten gleichzeitig tätig sein. Daraus entstanden die Handelsgesellschaften.

Gewinnspannen des Fernhandels: 300-1.000%. Produkte: Gewürze, Seide.

Maritime Expansion, wurde durch Neuerungen im Schiffsbau ermöglicht. Portugal war hier sehr wichtig. Gründe: Reconquista abgeschlossen, Ritter brauchen daher ein neues Betätigungsfeld. Nahrungsmangel. Bürgertum drängte zur überseeischen Expansion.

Mansa Musa war ja mit viel Gold nach Europa gekommen → Europäer waren neugierig, wollten auch etwas von diesem Gold haben.

Legende vom Priesterkönig Johannes (ab 1150 in Europa verbreitet): afrikanische Christen. Man suchte diesen Priesterkönig. … Die Suche nach diesem Priesterkönig bot dem Papst einen Grund, die portugiesische Expansion zu legitimieren (obwohl man dabei ja mit Moslems Handel treiben musste).

Königreich Äthiopien: Dort hatte sich zur Zeit der Antike (4. Jhdt.) das Christentum etabliert. Ein äthiopischer König sandte später eine Delegation nach Europa, um dort Verbündete gegen die Muslime zu finden, die sein Reich bedrohten.

1453, Konstantinopel fällt an die Osmanen → Die Bemühungen um eine christliche Einheitsfront wurden verstärkt.

Die Unterstützung der christlichen Kirche war also entscheidend für die maritime Expansion Portugals.

1492: Ende der Reconquista in ganz Europa. Es gab zwei starke Königreiche, Portugal und Kastilien-Aragon (später Spanien). Beide hatten den katholischen Glauben als Staatsreligion. Konkurrenz.

Die Portugiesen errichteten auf den neu besiedelten Inseln (z.B. Kapverden, Madeira) Plantagen. Auf dem Festland suchte man Sklaven und Gold. 1482 wurde der erste Stützpunk an Land errichtet, nämlich São Jorge da Mina. (Sammelstelle für Sklaven, es gab dort viele Forts)

Karte: Äthiopische Erkundungsfahrten. (Die sieht ähnlich aus wie die Karte zur Expansion Portugals. Man könnte also ebenso von einer afrikanischen Expansion nach Europa sprechen).

1492-1820: Iberische Phase (Kronmonopolismus)
1600-1857: Nordwesteuropäische Phase (Chartered Companies)

Iberische Phase: Das Ziel war hauptsächlich Asien, und es ging um Gewürze. Der afrikanische

4

Kontinent musste umschifft werden, es gab dort aber auch Gold, Sklaven, Zuckerrohr, Elfenbein.

1434: Portugiesen umsegeln Kap Bojador. Viele sehen das als Beginn der Expansion, weil man die damals bekannte Welt verließ.

Portugal verzichtete in einem Vertrag auf die Kanaren.

1492: Granada als letzte arabische Bastion fiel an Spanien. Kolumbus bekam dann den Auftrag nach „Indien" zu segeln.

1494, Vertrag von Tordecillas zog ein Linie zwischen dem spanischen und portugiesischen Bereich. Daher konzentrierte sich Spanien auf Amerika und Portugal auf Asien. Der Papst vergab die Rechte für diese Expansion, aber die Bedigung war, dass die jeweiligen Eroberer dort das Christentum verbreiteten.

Indische Lotsen unterstützten die Europäer bei der Navigation nach Asien. (Die Europäer waren also nicht die ersten, die diese Gebiete befuhren).

Vasco de Gama

Die Portugiesen gründeten Niederlassungen in Indien, z.B. Goa, und konnten in den indisch-asiatischen Handel einsteigen. Weltweites Netzwerk von Handelsstützpunkten. Gewinnmarge beim Gewürzhandel ca. 150%. Die Fracht war von Goa nach Lissabon ca. 2 Jahre unterwegs.

Cortéz ließ sich in Mexico als Nachfolger der Azteken ausrufen.

Im Kongo musste man eine Abgabe an den König zahlen, um Handel treiben zu dürfen.

Die lokale Bevölkerung war weitgehend unbeeinflusst von diesem Handel, allerdings wurde Maniok von Südamerika nach Afrika eingeführt und etablierte sich dort rasch als Grundnahrungsmittel.

Sklaverei: Ca. 1 Mio. bis Ende des 18. Jahrhunderts wurden versklavt und nach Amerika gebracht.

Japan: Die Portugiesen wurden komplett ausgewiesen. Sie hatten dort auch missioniert, und es wurden auch viele Japaner zu Christen. ... Die Niederländer waren die Konkurrenten der Portugiesen und erzählten daher in Japan von den Zwangssystemen, die in Südamerika aufgebaut worden waren. Außerdem gab es da den Papst als neue Autorität. Man befürchtete eine europäische Invasion in Japan und 1639 wurden alle Missionare aus Japan ausgewiesen. Der Handel blieb in Japan aber noch bestehen. ... Außerdem: Innerjapanische Konflikte, in denen diejenigen Japaner im Vorteil waren, die Zugriff auf westliche Schusswaffen hatten.

Dies blieb bis 1868 so (Fall des Tokugawa-Shogunats.)

1600-1857: Nordwesteuropäische Phase
„Die Welt als Bühne": Konflikte, die eigentlich in Europa statt fanden, wurden anderswo ausgetragen.

Wichtige Handelsgesellschaften: VOC (Vereenigde Oostindische Compagnie), gegründet 1602, börsengehandelt. Monopol zwischen Kap der Guten Hoffnung und Kap Hoorn. Hoheitsrechte: Grundbesitzerwerb, Festungsbau, Rechtssprechung, Vertragsabschluss, Kriegsführung

Eine Handelsgesellschaft ist eine nichtstaatliche Unternehmung, die vom Staat bestimmte Privilegien bekommt, z.B. militärisch vorzugehen oder Steuern einzuziehen. Es wurde aber privates Kapital eingezahlt und dann Dividenden ausgeschüttet, denn diese Handelsgesellschaften machten hohe Gewinne.

Damals gab es nördliche Niederlande (heute die Niederlande), wurden dann unabhängig, und südliche Niederlande (heute Belgien), gingen dann an Spanien und wurden katholisch.

Philip II: Personalunion Spanien und Portugal. Die niederländischen Kaufleute wurden dadurch systematisch benachteiligt. Sie spezialisierten sich daher auf den Asienhandel, da dort die Spanier nicht so präsent waren.

1595 umsegelten die ersten Niederländer das Kap der Guten Hoffnung und fuhren zu den Gewürzinseln (Molukken), heute Teil von Indonesien.

Wie vorher die Portugiesen mussten die Niederländer meist mit den örtlichen Behörden kooperieren. Die Niederländer etablierten ein Plantagensystem für Gewürze, das sich auf gewaltvolle Herrschaft gründete. Einstieg auch in den Transatlantischen Sklavenhandel, schließlich nahmen die hierbei die wichtigste Rolle ein.

England und Frankreich:
England wurde erst im 17. Jahrhundert ein „global player". Grund: England war davor mit dem Kampf zwischen Parlamentarismus und Monarchismus beschäftigt, der erst durch die Glorious Revolution beendet wurde.

Literaturhinweis: Many-Headed Hydra (Untersucht die anarchistischen Prozesse auf den Schiffen in der Karibik, auf denen sich alle möglichen Menschen vermischten, z.B. Auswanderer, Sklaven, geflohene Sklaven, etc. → Wunsch nach klaren Strukturen, rassischer Hierarchie)

Francis Drake: Bewusste Strategie, um Spanien zu schwächen = Besetzung neuer Gebiete (Jamaica).

Die USA lösten sich 1776 von England.

Amerika wurde wegen der kleinen Eiszeit so interessant, denn dort gab es Pelze.

British East India Company = britisches Pendant zur VOC.

Die East India Company konzentrierte sich bis Ende des 17. Jahrhunderte auf Indien und China

Frankreich:

Frankreich war besonders in der Karibik aktiv. Siedlungen wurden damals teils komplett dem Erdboden gleichgemacht.

1608: Siedlungen in Nordamerika wurden erschlossen, z.B. Quebec, dann Ausbreitung nach Süden: New Orleans, Louisiana. Karibik ab 1635. Afrika: St. Louis, Gorée. Export von Sklaven für den Zuckerrohranbau.

Ab 1665: Réunion, Mauritius. Koloniale Stützpunkte im Indischen Ozean.

18. Jahrhundert: Beginn der englisch-französischen Konkurrenz in Europa und Übersee. Kämpfe z.B. in Kapstadt, weil Napoleon die Niederlande besetzte. Dadurch Auflösung der VOC.

Unabhängigkeit von St. Domingue, Haiti. Besonderheit: Es waren nun nicht Weiße, die die Unabhängigkeit forderten, auch keine Ureinwohner, denn von denen gab es kaum noch jemanden, sondern Sklaven.

Die Plantagenbesitzer waren dort gar nicht präsent, sondern hatten Verwalter eingesetzt, außerdem wurden immer neue Sklaven aus Afrika dorthin gebracht. Sie wurden also nicht vor Ort geboren. Sie kamen aus den gleichen Gebieten in Afrika, hatten also die gleiche Kultur (Voodoo) und konnten sich einfacher organisieren.

Außerdem gab es dort „gens de couleur" (Söhne von Europäern mit Sklavinnen oder Freigelassenen), die teils selbst Sklavenhalter waren. Die „gens de couleur" wollten in St. Domingue auch so etwas, wie die Französische Revolution versprach.

Wichtig hier: Toussaint Louverture

Wichtige Zäsur.

Nach den napoleonischen Kriegen wurde England zur führenden Weltmacht. Australien als neue Siedlungskolonie, neue Plantagenkolonien in der Karibik. Marinestützpunkte auf der ganzen Welt. In Indien waren alle andere europäischen Stützpunkte verschwunden, nur noch die East India Company war präsent.

Die EIC unterhielt eine eigene Armee. 1857: Ende der British East India Company durch einen Aufstand (Indian Mutiny).

Besonderheit ab 1880: Aufteilung Afrikas durch Europa (imperiale Phase)

Es wurden die völkerrechtlichen Grundlagen geschaffen, nach denen dies möglich war. Z.B. wurden afrikanische Länder per definitionem nicht völkerrechtlich anerkannt.

Widerstand z.B. gegen die Sklaverei: Flucht aus den Plantagenkolonien, Gründung unabhängiger Gemeinschaften.

Vorgeschichte aus deutscher Perspektive (obwohl es Deutschland noch gar nicht gab):
Bayern versuchte 1657 Neu Amsterdam (= New York) von den Holländern zu kaufen, was aber nicht funktioniert hat.

Kurfürst von Brandenburg gründete eine Kolonie in Ghana, Groß Friedrichsburg.

Antillen, St. Thomas: Kurfürst von Brandenburg (er hatte also am Atlantischen Dreieckshandel teil).

1717 verkauf des brandenburgischen Überseebesitzes in Afrika an die Holländer, denn sonst hätten sie es einfach erobert, wie später die Antillen

Einführung in die deutsche Kolonialgeschichte, 07.11.13

Werbung: Freundeskreis des Historischen Seminars (EUR 10,-/ 30,- pro Jahr), Treffen einmal pro Monat, mit einem Dozenten. Außerdem gibt es Exkursionen, z.B. nach Verdun oder an die Somme. Oder am 25.1.14 an die Eiffel, Reste der Römischen Wassernutzung. Viertägige Exkursion nach Dresden und Meißen, 8.-11.04.14

egritz@t-online.de

Kolonialpolitik in Deutschland:

Sebastian Conrad: Globalisierung und Nation im Deutschen Kaiserreich, München 2006.

Brian Vick: Imperialism, Race and Genocide

Anfänge der deutschen Kolonialbewegung: Paulskirche 1848 (richtet sich zunächst aber nach Süd- und Osteuropa). Auch hier gab es bereits eine „rasseideologische Ausrichtung", allerdings nach Osten.
Es wurde diskutiert, ob es eine (deutsche) Flotte geben sollte.

Ab 1860 verstärkte Industrialisierung in Deutschland.
1870 Gründung des Deutschen Reiches.
Gründerkrise.

Auswanderung in den 1870er/80er Jahren. Ca. 200.000 Deutsche pro Jahr. Das Ziel war vorrangig Amerika.

Ab den 1840er Jahren neues Interesse an Abenteuern (Afrika), z.B. Suche nach den Quellen des Nils, Deutschland: Gustav Nachtigal (1869-1974). Nachtigal war allerdings gesundheitlich angeschlagen und an TBC erkrankt. Er reiste zur Erholung nach Nordafrika (Tunis), arbeitete dort als Arzt, lerne Arabisch. Er durfte dann ins heutige Nigeria reisen und dort offiziell Geschenke Deutschlands übergeben.
Nachtigal wurde dann zum Präsidenten der Deutschen Afrikanischen Gesellschaft in Berlin.
Reiseberichte: „Sahara und Sudan" (2 Bände, 1879 und 1881).
Diese Reisen Nachtigals waren allerdings von Toleranz geprägt, und er lernte Arabisch. Nicht so, wie es in den späteren Kolonialreisen war.

Veränderung der Rasseideologie im 19. Jahrhundert. Es entstanden biologistische Rassetheorien, Behauptung: Rassekämpfe sind die Mutter der Geschichte.
Gobineau: Essai sur s'inégalité des races humaines. 3 Rassen (Ham, Sem und Japhet – Schwarze, Gelbe und Weiße). Rassenvermischung führt zum Niedergang, Europa stand dieser Abstieg seiner Meinung nach kurz bevor.

Darwin → Sozialdarwinismus. Herbert Spencer (Soziologe), „Survival of the Fittest"
Der Überlebenskampf, wie Darwin in sah, wurde auch auf Völker und Rassen übertragen.

Idee des „Volkes" - Wohnort und Abstammung fallen in dieser Idee zusammen.

Diese Idee erscheint aber vor dem Hintergrund der zunehmenden globalen Mobilität nicht sehr plausibel.

Osterhammel, Zitat. Abgrenzung einer imaginierten Einheit der Weißen (seßhaft) gegen das, was außerhalb war (nicht sesshaft, nicht weiß, nicht zivilisiert)

Später wurden daraus wirkliche rechtliche Kategorien (Eingeborene vs. Weiße)

Interdependenzen: Weiße Frauen konnten in den Kolonien Befehle an schwarze Männer geben. Es wurden also unterschiedliche Hierarchien (Mann-Frau, weiß-schwarz) vermischt.

Im 20. Jahrhundert entwickelten sich aus dem Begriff der „Rasse" dann Bewegungen, die bis hin zum Völkermord führten.

Kolonialbewegung im deutschen Kaiserreich (ab 1871)

Gründerkrise 1873. Sozialistische Bewegung erstarkte, rief Ängste hervor. Bevölkerungswachstum → immer mehr Deutsche wanderten nach Amerika aus.

Wunsch nach deutschen Kolonien wuchs daher. Ursprung: Vor allem das Bildungsbürgertum.

Friedrich Fabri, 1870, „Bedarf Deutschland der Colonien"

Vier Argumente für Kolonialisation:

- Auswanderungsgebiete (Siedlungskolonien)
- Überwindung innenpolitscher Spannungen (Fabri: „Socialdemokratische Agitation")
- Nationales Prestige (Fabri: „Cultur-Mission")
- Absatzmärkte (Handelskolonien)

England sah den Handel in Übersee als Freihandel. Das Gegenstück hierzu war der Protektionismus, z.B. bestimmte Gruppen in Deutschland, die große landwirtschaftliche Güter hatten.

Opiumkriege: China wurde gezwungen, ausländische Händler zuzulassen.

Ein Problem deutscher Kolonialpolitik war, dass zu wenig Geld dafür vorhanden war.

Allerdings konnten Hamburger Kaufleute für die Kolonialisation werben. Hamburger Handelskammer: Denkschrift, die dem Kaiser und dem Reichstag vorgelegt wurde. Aber der Hamburger Senat hielt bis 1890 an seiner kolonialskeptischen Haltung fest.

Organisierte Kolonialbewegung:

- Vorläufer: Geographische Gesellschaften (z.B. Deutsche Afrikanische Gesellschaft)
  Nachtigal, Fabri: „Westdeutscher Verein für Kolonialisation und Export"
- 1882: Deutscher Kolonialverein (vor allem die Oberschicht, z.B. Ökonomen)
- 1884: „Gesellschaft für deutsche Kolonialisation". (Eher jüngere Leute, die abenteuerlustig waren und

die Kolonialisation endlich vorantreiben wollten. Kleinbürgerlich, mittelständisch)

Diese Gruppen schlossen sich 1887 zur **Deutschen Kolonialgesellschaft** zusammen. Diese bestand bis in die 1930er Jahre. Bildungsarbeit, Lichtbildvorträge, sogar Filmvorträge. Auch Konrad Adenauer war dort Mitglied, sogar geschäftsführender Vorsitzender.

Deutscher Frauenverein zur Krankenpflege in den Kolonien (1886), Frieda von Bülow.

Bismarck und die Kolonien:

Er war damals eben Reichskanzler, 1884.

Es gibt hier eine wichtige Kontroverse. Bismarck war der Meinung, dass Deutschland saturiert sei und keine Eroberungen machen sollte, um das politische Gefüge in Europa nicht zu stören. Konfliktpotential. Er hat allerdings Handelsstützpunkte und wirtschaftliche Expansion stets unterstützt, z.B. in Tonga. Bei solchen Anlässen wurden auch kaiserliche deutsche Fahnen gehisst. Die Bevölkerung blieb allerdings unabhängig.

Um die Kolonien zu halten, hat man Flottenstützpunkte gebraucht, wo die Kohle für die Schiffe gelagert wurde. Ein Beispiel hierfür war Samoa.

Das Hamburger Handelshaus Godeffroy hatte in Samoa Land erworben, Plantagen gegründet, war nun wirtschaftlich ruiniert und bat das Deutsche Reich um finanzielle Hilfe. Der Bundesrat stimmte zu, das Parlament dagegen. („Samoa-Vorlage" 1880).

Die Samoa-Vorlage scheiterte vor allem an der Zentrumspartei.

Es wurde dann aber ein „Schutzgebiet" errichtet. Bismarck wollte sich aber nicht an der Verwaltung dieser Gebiete beteiligen und vor allem nicht die Kosten dafür tragen. Es sollte eher so wie bei einer „Chartered Company" laufen.

Zitat von Bismarck 1884.

1884/85, Berlin: Kongo-Konferenz.

Der Kongo sollte als Freihandelszone gelten.

Auf der Kongo-Konferenz wurde Afrika NICHT unter den Kolonialmächten aufgeteilt. Es waren allerdings keine Afrikaner an dieser Konferenz beteiligt.

Es ging um den freien Zugang zu Flüssen und Handelswegen (Kongo, Niger). Wenn in Europa ein Krieg ausbricht, sollte es in Afrika keine Kampfhandlungen geben.

Teilnehmer: Stanley (GB), de Brazza (Frankreich). Eingeladen: USA (nahmen aber nicht teil), Osmanisches Reich, NL, Norwegen, Italien, Spanien, etc.

Auch Portugal machte nun Ansprüche geltend, denn sie waren ja im 15./16. Jahrhundert schon dort gewesen. Vertrag, der Kongo den Zugang zum Meer abschneiden sollte.

Wesentliche Punkte der Schlussakte der Kongo-Konferenz (1885):
- Handelsfreiheit im Bereich des Kongo
- Freie Schifffahrt auf Niger und Kongo
- Verbot des Sklavenhandels
- etc.

Die deutschen Parteien und die koloniale Frage:
Der Reichstag hatte das Budgetrecht. Das war seine (einzige) Möglichkeit der Einflussnahme.
- SPD: Hatte eigentlich nie eine homogene Meinung zum Thema Kolonialismus. Lehnte aber generell die Gründung von Kolonien ab. Kolonialismus = Auswuchs des Kapitalismus
Hauptziel der SPD: Ausbeuterische Praktiken des Kolonialismus in den Vordergrund zu stellen. Zitat August Bebel: Kolonialismus = Ausbeutung bis hin zur Ausrottung der lokalen Bevölkerung.
Bebel änderte aber später seine Haltung und äußerte 1907 (Wahlkampfjahr), dass Kolonialpolitik auch eine „Kulturtat" sein könne. 1907 hatten die Kolonialgegner nämlich deutliche Verluste.
- Deutsch-Konservative Partei: Darin waren die ostelbischen Großgrundbesitzer. Wollten eine Ostexpansion. Eine Übersee-Expansion war 1884 für sie überhaupt kein Thema. Sie haben manchmal Schutzzölle als Gegenleistung gefordert.
- Reichs- und Freikonservative Partei (Bismarcks Partei).
- Nationalliberale Partei: Stimmte immer allen Kolonialvorlagen zu. Waren in der Kolonialbewegung am meisten vertreten. Sie sahen die Kolonialpolitik als etwas, das Deutschland einigen konnte.
- Linksliberale Partei. Vertraten die Freihandelsdoktrin und waren daher gegen die Kolonialpolitik. Konnten nach der Wahl 1907 gar nicht mehr in den Reichstag einziehen.
- Zentrum. Hatte die Samoa-Vorlage gekippt. Kolonialkritische Partei. Vertrag das Interesse der Katholiken im mehrheitlich protestantischen Deutschen Reich. (Daher sehr inhomogene Zusammensetzung.) Kolonien waren für sie als Auswanderungsgebiete interessant. Sie stimmten auch manchmal für die Kolonialpolitik, um nicht immer dagegen zu sein.
Im Rheinland gab es einen besonders koloniefreundlichen Flügel des Zentrums (Wilhelm von und zu Hoensbroech, genannt Wilhelm Africanus).

Hottentotten[wahlen] 1907. Krieg der Afrikaner gegen das Deutsche Reich in Südwestafrika. Dieser Krieg war auch ein Thema im Wahlkampf 1907. Der Begriff „Hottentotten[wahlen]" wird nach wie vor verwendet.

Auflösung des Reichstages 1906 ist auch darauf zurückzuführen, dass die Afrikaner 1906 gegen die Kolonialmächte Krieg begannen. Witbooi, Morengo. Der Krieg war sehr teuer.

Der Begriff „Hottentotten" war auch damals schon abfällig gemeint. Er bezeichnete die Xhosa-Völker, die eine Sprache mit Klicklauten benutzten.

12

„Vernichtungsbefehl von Trotha": Die Herero wurden nun als Feinde gesehen und es gab einen Befehl, sie alle zu erschießen. Im Reich wurde der Befehl kritisiert und musste schließlich auch zurückgenommen werden.

Reichskanzler von Bülow wollte den „Bülow-Block" schaffen und die anderen Parteien, z.B. SPD, als national unzuverlässig darstellen. … Der Reichstag war nun mit dem Bülow-Block koloniefreundlich.

Nach 1907 wurde ein Kolonialministerium geschaffen.

Einführung in die deutsche Kolonialgeschichte, 14.11.13

In der heutigen Sitzung geht es um die Sicht auf die Kolonialzeit von Westafrika aus. (Kamerun, Togo)

Es werden Flüsse auf der Karte gezeigt: Volta, Niger, Cross River

Die Kolonialgeschichte Westafrikas beginnt an der Küste, dort gibt es seit dem 15. Jahrhundert Handelsniederlassungen, zunächst vor allem für den Sklavenhandel, z.B. das Fort Groot Fredricksburg, [El Nina]. Diese lagen vor allem im heutigen Ghana.

Warum gab es keine weiteren Forts? Das hatte vor allem nautische Gründe (starke Strömungen, so dass man an bestimmten Stellen noch nicht anlanden konnte).

Flüsse waren natürliche Häfen und damit Handelsschwerpunkte.

Kolonialbeginn: Es erhob teilweise niemand Besitzansprüche auf den Strand, weil die Bewohner Bauern waren.

Heutiges Togo-Gebiet nahe [El Nina]. Dieses Einflussgebiet geht bis zum Niger. Es wurde keine Herrschaft ausgeübt, ging v.a. um Sklavenhandel.

Man kann den Sklavenhandel keiner bestimmten Menschengruppe zuordnen. Es gab auch unabhängige Afrikaner, die Handel mit den Sklavenhändlern trieben, um z.B. Waren aus Brasilien zu bekommen.

„Afro-Brasilianer", „Atlantic Creoles" → Namen für die Afrikaner, die Handel trieben

In Kamerun waren diese Gruppen nicht so stark, in Togo schon. 1550 kamen Händler dorthin und wollten einen Handelsposten auf der Sandbank dort einrichten. Die Bewohner forderten dafür Geld. Niederlassung Popo, heute Anecho.

Quidan, Benin. Königreich Dahomey, wuchs vor allem durch Sklavenhandel zu seiner heutigen Größe.

An der Küste wurden nicht aktiv Sklaven eingefangen, sondern nur gekauft und verkauft. Das nennt man „Stiller Sklavenhandel".

Atlantic Creoles gab es vor der Entstehung der Rassebegriffe. Diese Afrikaner in Südamerika unterschieden sich aber nicht von denen in Afrika.

Der Wunsch einer klaren Trennung zwischen schwarz und weiß begann zu dieser Zeit. Die freien schwarzen Händler wurden von den weißen Sklavenbesitzern als sehr bedrohlich angesehen.

Entstehen der „Back to Africa"-Bewegung: freie Schwarze sollten zurück nach Afrika, und zwar nach Liberia.

Der Sklavenhandel war ab 1807 von der britischen Regierung verboten worden, die Royal Navy kontrollierte. Wechsel von Sklaven zu Palmöl als Handelsgut.

Das kann man sich am Beispiel von Duala (Küstenregion im heutigen Kamerun) ansehen. Die Duala waren dort die führenden Händler, hatten ab 1814 Antisklavereiabkommen unterzeichnet und von da an gab es von dort aus keinen Handel mit Sklaven mehr. Unmittelbar vor dieser Gegend war eine Insel, auf der eine Basis der Royal Navy war.

Ab 1855 kamen dorthin auch deutsche Handelshäuser. Diese waren am Sklavenhandel nicht beteiligt, aber durch die Industrialisierung war dort die Nachfrage nach Palmöl nun sehr groß. Vorher war dieser Handel von britischen Händlern dominiert. Alle Händler mussten Abgaben an die Duala zahlen, „Comey (engl.) / Kumi (dt.)", damit der Schutz von Leben und Eigentum garantiert wurde. Das war also so eine Art Zollabgabe. Wer nicht zahlte, konnte keinen Handel treiben. Das zeigt die starke Position der afrikanischen Handelspartner dort.

Cuba, Porto Seguro: Dieser Hafen war sicher von den britischen Antisklavereipatrouillen.
Die Händler kauften dieses Land von den Bewohnern der [Togo-Dörfer]
1870 erklärte sich John Mensah zum „King" von Porto Seguro. Viele Handelspartner nahmen die Bezeichnung „King" an.

Auch in „Klein Popo" gab es einen King, nämlich King Lawson, einen Afrobrasilianer.

King Lawson war nach England orientiert, King Mensah an Frankreich.
King Mensah richtete ein Protektoratsgesuch an Frankreich und ließ nur französische Firmen zum Handel zu.

„Recaptives": Das waren Afrikaner, die eigentlich frei waren, aber von den Briten dorthin gebracht wurde, wo Arbeitskräftemangel herrschte, z.B. Sierra Leone.

Togo: Familie Friedrich M. Vietor und Söhne ist wichtig.
Verbindung zur Mission. Seit 1847 Unterstützung der Mission, 1874 Gründung einer Faktorei in Klein Povo.

Togo: Lawson-Dynastie in Lagos und Togo tätig. Erhoben Grundsteuer und Exportzölle auch von den europäischen Kaufleuten. King G.A. Lawson II starb und das Interregnum wurde in Frage gestellt. Die europäischen Kaufleute wurden nun als Bündispartner genutzt.

Die Europäer bekamen die Idee, selbst auch so eine Art Königtum dort zu gründen.

Diejenigen, die im Hinterland lebten, sahen den Tod des King als Gelegenheit, ihr Gebiet zurückzubekommen und baten die Europäer um Hilfe. Die Franzosen reagierten nicht, also fragte man dann die Deutschen.

Durch den Übergang vom Sklavenhandel zum Warenhandel wurde es auch für neue, kleinere Handelshäuser möglich, in den Handel einzusteigen. In Kamerun war das noch stärker möglich [föderalistisch ordanisiert].

Bei den Duala gab es Headmen, keinen King. Der war nur repräsentativ gegenüber den Europäern, musste aber ständig Rücksprache halten.
Neue Siedlungen wurden gegründet und „Town" genannt. Das passiert verstärkt ab 1840.

1883/1884, Bitte um Protektorat
Auch King Bell und King Acqua schrieb 1881 an die britische Regierung. Foreign Office Papers, 403/18, Letter 9.

Hintergrund: Der britische Konsul war in Kamerun schon seit 1850 oberster Schlichter bei Handelskonflikten. Courts of Equity.
Wenn Konflikte auftraten, war es üblich, eine neutrale, aber höhere Instanz als Schlichter anzurufen. So ist auch dieser Brief an die britische Regierung zu verstehen.

Aber GB war zu dieser Zeit dazu nicht bereit, denn das hätte Konflikte mit anderen Europäern bedeutet.

Oyo, Benin, Lagos und vier weitere: Yoruba-Stadtstaaten (Nigeria).

Der Preis des Palmöls ging zurück → Druck auf die Händler, direkt beim Erzeuger zu kaufen. Zwischenhändler als jemand, den man boykottieren sollte.
Peripherieorientierte Imperialismustheorie.

Kongo-Konferenz, 1884-1885 in Berlin.
In Klein-Povo war es schon 1883 zu Konflikten gekommen, in die die Europäer verwickelt wurden.

Es war ein deutsches Kriegsschiff vor Ort, das aber keinen Kontakt zu Deutschland hatte. (Das gefiel so auch Bismarck nicht.) Ein Korps von 100 Marinesoldaten stürmte dann also Klein Povo. Sie nahmen William Lawson und zwei seiner Berater mit. Lawson musste in Lagos wieder freigelassen werden, die anderen beiden wurden mit nach Deutschland genommen.
Es sollten die Ansprüche der Franzosen respektiert werden, daher ging Bismarck auf ein weiteres Protektoratsgesuch von Klein Povo nicht ein.

King Mensah schloss 1884 ein Abkommen mit den Briten, dass alle Europäer aus Togo ausgewiesen werden sollten.

Es kam jemand von einem anderen Ort, Mlapa (nicht „King" genannt, denn das war ein Handelstitel), der forderte, dass alle britischen Händler das Land zu verlassen hatten. Die Kongo-Konferenz hatte zu diesem Zeitpunkt noch nicht begonnen, es war aber ein deutsches Kriegsschiff mit den beiden Geiseln aus Togo vor Ort. Gustav Nachtigal wurde mit umfassenden Vollmachten nach Westafrika geschickt. Seine Anweisung war, nichts zu tun, was gegen die französischen Interessen verstieß. Er ging dann in ganz kleine Orte, wo vorher noch nie jemand war, und schloss dort Verträge mit den Afrikanern. Die waren ja um ihre Unabhängigkeit besorgt und waren für Schutz ganz dankbar. Das waren die Orte Be und Bagida.

„Subimperialistische Aktivitäten": Diejenigen, die vor Ort waren, handelten manchmal, auch wenn das nicht mit der Regierung abgesprochen war.

Mlapa hatte ein Problem mit King [Lawson und dem anderen King].
Die Deutschen machten Mlapa zu einem König und ließen ihn in seiner Abwesenheit sprechen. (Der Stockträger [Plako] sprach an seiner Stelle.)
Gustav Nachtigal äußerte Bedenken: Reichte es denn, wenn der Stockträger sprach? Der lebte zu diesem Zeitpunk vermutlich schon gar nicht mehr.

Am 5.7.1884 wurde in Bagida der Schutzvertrag unterzeichnet. Dieser Vertrag wurde ohne Gewaltandrohung und ohne Zahlung von Bestechungsgeldern abgeschlossen.

Gustav Nachtigal fuhr nun weiter nach Kamerun und schloss auch dort so einen Vertrag ab. Die Leute in Kamerun verhandelten genauer und legten z.B. fest, dass weiße Händler nicht ins Hinterland reisen durften.
Man kann dieses Dokument als „Zivilisierung" der europäischen Händler sehen, z.B. sollten diese keinen Ehebruch mit den Frauen der Afrikaner begehen.

Die Briten hatten im Mai 1884 keine Kenntnis von den deutschen Plänen, in Kamerun ein Schutzgebiet einzurichten. Es kam zu einem Wettlauf, wer die meisten Verträge mit den Afrikanern abschließen konnte.

Dezember 1885: Grenzverlauf zwischen Kamerun und der französischen Kolonie Gabun wurde bestimmt.

Bismarck wollte die [französischen] Grenzen im gesamten Nigergebiet respektieren. Es erschien ihm in den muslimischen Gebieten unmöglich, ein Protektorat nach seinen Vorstellungen einzurichten, z.B. im

Kalifat von Sokoto.

Kamerun wurde zum Paradebeispiel des sofortigen Scheitern von Bismarcks Idee des regierenden Kaufmannes.
Es kam zu einem lokalen Krieg in der Region Hickory, weil ein [Stammeshäuptling] sich weigerte, den Schutzvertrag zu unterschrieben. Die andere Seite sprach dann mit der Kolonialmacht (Deutschland, aber für andere Gebiete war es England) und bat sie, nun den Schutz auch militärisch zu gewähren. „Kanonenbootdiplomatie"

Die westafrikanischen Kolonien waren ein Jahr, nachdem sie als Kronkolonien deklariert wurden, bereits Kolonien.

Vertrag mit Kamerun: Es wurde eine Einmischung in die Eheschließung verboten. Damals herrschte dort Polygamie vor. Je mehr Frauen, je größer die Familie, desto mehr Macht hatte jemand. Die christlichen Missionare forderten Monogamie, das wollte man nicht haben.

Erst ab etwa 1900 wurde so etwas wie eine Aufenthaltsberechtigung nötig.

Die Kolonialisierung in Togo war nur zu Beginn friedlich, aber dann begann eine militärische Eroberung der Dörfer.

Einführung in die deutsche Kolonialgeschichte, 21.11.13

Heute: Westafrika und Ostafrika.

Nächstes Mal: Ein Gast spricht über China.

Die Handelsgesellschaften in Kamerun und Togo weigerten sich, zu einer einzigen Gesellschaft zu fusionieren, der auch die Verwaltung des Landes hätte übertragen werden können.

King Bell, King Akwa, Kum'a Mbape (= Lock Priso) – gehörten zu verschiedenen Handelshäusern
Kum'a Mbape protestierte schriftlich dagegen, dass die Deutschen auf seinem Land ihre Flagge gehisst hatten: „We never believe any white man fit to do like that." (Pidgin English)

Es gab zu dem Zeitpunkt praktisch keine deutsche Präsenz dort, nur einige Faktureien und ein Kanonenboot.

Dieser lokale Konflikt der Afrikaner führte zum ersten Kolonialkrieg der Deutschen.

Vor Ort befanden sich auch Kriegsschiffe der Royal Navy, die ein Eingreifen anboten, aber aus Prestigegründen lehnten die Deutschen ab.

Teil der Kriegsbeute: Der Kahnschmuck des Kum'a Mbape, heute im Völkerkundemuseum München (es gibt einen Rückgabestreit).

Kum'a Mbape und Joss waren mit ihren Hauptforderungen tatsächlich erfolgreich. Sie bekamen Geldzahlungen von den Deutschen, „beugten" sich also nicht einfach „der Übermacht", wie es in den meisten deutschen Texten heißt.

Die Deutschen besetzten nun menschenleere Dörfer, denn die Einwohner waren geflohen. Das war nicht in ihrem Sinne, denn sie brauchten ja die Einwohner, um Handel zu treiben.
Der Vorteil, den die Afrikaner hatten, war, dass sie auf beiden Seiten der Grenze aktiv sein konnten. Die Kolonialmacht konnte diese Grenze nicht überqueren.

Juli 1885, erster Gouverneur von Kamerun und Togo trifft ein.
Also nur ein Jahr, nachdem sie als Schutzgebiete deklariert waren, waren Kamerun und Togo bereits Kronkolonien.

1890 sagte der Reichstag Mittel für „Polizeikräfte" zu. Ein Vertreter vor Ort kaufte 370 Männer und Frauen vom König von Dahomey. („Dahomey-Sklaven") Diese sollten so lange umsonst arbeiten, bis sie ihren Kaufpreis abgearbeitet hatten. → Unmut unter den Beteiligten, erste Vertreibung der Deutschen aus Kamerun.

19

Meuterei der Dahomey-Sklaven: Die Sklaven konnten das Waffenlager der Deutschen besetzen und ihre Vorgesetzten angreifen → die Deutschen flohen aufs Meer. Eine Woche lang gab es keine deutsche Präsenz in Kamerun mehr.

Folge des Aufstands: Formelle Einrichtung einer kaiserlichen Schutztruppe 1894. Gleichzeitig wurde ein neuer Gouverneur berufen, der die folgenden 12 Jahre in Kamerun prägte. Jesko von Puttkamer (1855-1917)
1906 wurde er wieder abberufen (Grund: Proteste der Duala wegen seines Verhaltens ihnen gegenüber). 1908 zwangsweise pensionierung, 1917 Selbstmord.

Von Puttkamer führte in Kamerun die Plantagepolitik ein und vergab großflächige Konzessionen. Wichtigstes Anbauprodukt: Kakao.
Das Land bekam man durch eine „Kronlandverordnung", die bestimmte, dass „herrenloses" Land der Krone gehörte. Das war z.B. das Land von Menschen, die militärisch besiegt worden waren.

Es gab in Kamerun nicht genug freiwillige Arbeiter → kaschierte Zwangsarbeitersysteme wurden etabliert.

Regierungssitz in Kamerun bis 1901: Duala.
(Die Duala waren auch ein Volk dort, und sie beschwerten sich darüber. Es ging vor allem um den Verlust ihrer Privilegien und die respektlose Behandlung. Die Duala reisten 1902 nach Berlin um sich dort zu beschweren.)

1910: Enteignungsstreit

Es gab viele wohlhabende Duala, die z.T. prächtige Häuser hatten, die sie teuer an die Deutschen vermieteten. ... Offiziell wurde die geplante Enteignung damit begründet, dass die Häuser nicht hygienisch genug waren (nicht gegen Malariamücken abgedichtet).

Die Duala hatten Vertreter in Berlin und konnten die Enteignung 1914 vom Reichstag aussetzen lassen. Telegramm des Anführers der Duala an die Deutschen (= Hochverrat)?

Ausbruch des 1. WK → die Kolonialmacht wollte ein Exempel statuieren und ließ den Anführer der Duala hinrichten. Daher arbeiteten die Duala mit den Alliierten zusammen. Schneller Sieg der Alliierten in Kamerun.

Die deutsche Öffentlichkeit sah Kamerun als „Pflegefall", Togo dagegen als „Musterkolonie".

Togo war die einizige Kolonie, die bald ohne Reichszuschuss auskam.

Dadja Halla Kawa Simtaro: Le Togo „Musterkolonie". Souvenirs de l'Allemagne dans la Société Togolaise. (Oral History)

Der angebliche wirtschaftliche Erfolg in Togo beruhte teilweise auf Buchungstricks.

Wichtig waren die Haussa-Händler (Dreieckshandel inkl. Sklavenhandel).

Curt von François: Afrikafonds, als wissenschaftliche Expedition verbuch (in Wirklichkeit militärisch). Er schloss zahlreiche Schutzverträge ab. Helgoland-Sansibar-Vertrag zwischen GB und Deutschland.

Die Kolonialmächte hielten das Inland zunächst für strukturlos, aber so war es nicht. Man konnte nur erfolgreich mit der Kolonisierung sein, wenn man hier anders dachte.

Kriegszug ins Hinterland. Es ging einerseits darum, die afrikanische Bevölkerung zu besiegen, andererseits darum, möglichst weit in Richtung Niger zu kommen. („Scramble for Africa") Der Niger wurde aber nie erreicht. Aber die Grenzen von Togo sind dann ab 1897 so geblieben.
Die Dagomba hatten zuvor halb auf deutschem, halb auf britischem Gebiet gelebt, aber da die Deutschen eine Stadt zerstört hatten, wanderten sie dann komplett ins britische Gebiet ab und gaben diese Stadt auf. („die Grenze als Ressource")

Die Legitimierung durch Terror fand vor allem dort statt, wo es keine zentrale Herrschaft gab (z.B. Nord-Togo), denn wenn es einen Herrscher gab, konnte man mit diesem paktieren.

Die Deutschen schufen das Amt der Häuptlinge (wenn es irgendwo noch keine zentrale Herrschaft gab) und der Häuptlingspolizisten. Diese waren z.B. auch für die Steuereintreibung oder für die Gerichtsbarkeit zuständig. Diese Häuptlinge gibt es immer noch, auch der postkoloniale Staat arbeitet mit diesen Ämtern.

Ostafrika:
Sultanat in Sansibar
Carl Peters und die Deutsch-Ostafrikanische Gesellschaft
„Araberaufstand", Wissmanntruppe"
Krieg der Hehe gegen die Deutschen
Maji-Maji-Aufstand
etc.

Insel Sansibar, heute Teil von Tansania

Die portugiesische Route zu den Molukken (bei Indonesien): Zuerst um Südafrika herum, dann legten die Schiffe in Ostafrika an, fuhren dann weiter nach Indien.

Die Handelsrouten von den Küstenstädten aus gingen weit ins Inland, z.B. „Great Zimbabwe", bewohnt vom 11.-18. Jahrhundert, mit Stadtmauer. Man hat dort Vase aus Indien und Perlen aus China gefunden.

Bantu-Expansion: Jan Vansina, „Paths in the Rainforest".

Migrationsbewegungen der Afrikaner wegen der Handelsstützpunkte in Hafenstädten. (Sie flohen ins Hinterland), z.B. Migration der Mfecane unter Shaka Zulu ab 1828. Die Mfecane waren sehr kriegerisch. Es wurden andere Volksgruppen vertrieben, z.b. die Mgoni unter einem nkosi, die bis zum Malawi-See kamen.

Diejenigen, die erobert wurden, konnten in der Gesellschaft der Eroberer aufsteigen.

Die Hehe wehrten sich und brachten den Deutschen eine wichtige Niederlage bei. Vernichtungskrieg der Deutschen gegen die Hehe.

Unterschied zwischen Ostafrika und Westafrika: Es bestand in Ostafrika ein Staat, nämlich das Sultanat von Sansibar, das von GB und Frankreich bereits anerkannt war. Auch das Deutsche Reich sandte einen Generalkonsul nach Sansibar.

Swahili enstand als Kontaktsprache. Afrikanische Syntax, viele Lehnworte aus dem Arabischen.

17.-19. Jahrhundert war das Sultanat von Sansibar ein Hauptumschlagsplatz für den östlichen Sklavenhandel. Die Sansibari betrieben Plantagen mit Sklavenarbeit.
Der Sultan von Sansibar betrieb Stützpunkte, die Stadtstaaten,die von „Liwales" regiert wurden. Auch das Deutsche Reich setzte später solche Liwales ein.

Die Said-Dynastie von Oman: 1856 Teilung des Reiches zwischen Oman und Sansibar.

Sklavenhandel über Fernhandelswege, die bis an den Viktoriasee (Uganda) reichten.

Es ist immer noch unklar, warum Deutschland in einem solchen Gebiet überhaupt in Erscheinung trat. Carl Peters]fuhr auf eigene Faust los, und zwar über Portugiesisch-Ostafrika, und schloss dann im Hinterland Verträge ab. Er wollte ein deutsches Imperium gründen, ähnlich dem britischen Imperium. Die Expedition von Carl Peters war vom Deutschen Reich gar nicht sanktioniert, er schloss auf eigene Faust Verträge ab und nahm Land in Besitz. (Er war wohl eine Art Hochstapler, der seine Handelspartner u.a. durch Flaggen beeindruckte.)

Carl Peters kam dann 1885 mit all diesen Verträgen nach Berlin und stellte nun den Antrag, dass über diese Verträge der Reichsschutz errichtet werden sollte. D. h. Carl Peters stellte die Menschen immer wieder vor vollendete Tatsachen („die Macht des Faktischen")

Sansibar blieb formell unabhängig. Am Küstenstreifen ließ sich die Deutsch-Ostafrikanische Gesellschaft nieder. Es gab aber starke Konkurrenz zwischen diesen Städten an der ostafrikanischen Küste.

Widerstand, davon war die gesamte Küste betroffen. Bushiri bin Salim, ein „Araber". Plantagenbesitzer in Pangani. Militärisch erfolgreich. Nahm verschiedene Deutsche gefangen und ließ sie dann wieder frei (Lösegeld, Zugeständnisse). Sein Ziel war es, zu verhandeln. Schließlich nahmen in die Deutschen gefangen und richteten ihn 1889 öffentlich hin. Es geht um die demoralisierende Wirkung dieser Hinrichtung.

Aufstand: Die Deutsch-Ostafrikanische Gesellschaft hatte nicht genug Soldaten. Daher wurde ein Antrag an den Reichstag gestellt, um eine schlagkräftige Truppe anzuwerben. Der Reichstag stimmte zu und verwendete den Sklavenhandel als Argument. Bushiri bin Salim hatte zwar auf seinen Plantage Sklaven, war aber kein Sklavenhändler. Der Kampf gegen den Sklavenhandel war auch nur ein Vorwand.

1888 wurde eine Truppe aufgestellt (Wissmann-Truppe), die 1891 in eine formelle kaiserliche Schutztruppe überführt wurde.

1890: Helgoland-Sansibar-Vertrag. Grenzen von Deutsch-Ostafrika werden weitgehend festgelegt, nur die Westgrenze blieb noch offen.

Askari: Bewaffnete Beschützer, z.B. von Karawanen. Auch das Deutsche Reich beschäftige einige Askari, die z.B. aus Ägypten kamen, „Sudanesen" genannt wurden und arbeitslose Veteranen waren. Sie brachten den Islam und eine militärische Hierarchie mit.
Effendi – Bettschauch – Schausch – Sol (militärische Ränge)
Außerdem brachten sie ihre Familien mit. Viele blieben dauerhaft in Ostafrika.

Das heutige Mozambique (damals Portugiesisch-Ostafrika): HIerfür wurden „Zulu" angeworben, die zwar Krieger, aber keine Zulu waren. Sie werden immer die „Zulu-Askari" genannt.

Einführung in die deutsche Kolonialgeschichte, 28.11.13

Cord Eberspächer: Kolonialismus in China

Leiter des Konfuzius-Instituts in Düsseldorf.

China war nie eine Kolonie, es gab aber einige Kolonien auf chinesischem Boden , z.B. Hong Kong oder Kiautschou (dt.)

Buch: Schantung und Deutsch-China

Interressenssphäre: Es geht nicht nur darum, eine Kolonie zu errichten, sondern die deutschen Interessen in China zu vertreten.

Kiaotschou wurde 1897 erworben. Dann Verhandlungen über einen Pachtvertrag. Der Begriff „Kolonie" taucht noch gar nicht auch, auch wenn Kiaotschou später eine Kolonie war. (Es gibt aber Leute, die behaupten, dass K. keine Kolonie war, da es ja nicht dem Reichskolonialamt unterstand.)

K. war eine sehr kleine Kolonie an der Küste, eigentlich als Marinestützpunkt gedacht. Die deutsche Marine sollte dort Schiffe reparieren können. Es wurde dann aber eine komplette Kolonialstadt im deutschen Stil aufgebaut. K. war die teuerste Kolonie weltweit. Leitung: Reichsmarineamt, also eine Marinekolonie.

Der Westen und China:

Die Ausübung von Kontrolle kann auch auf indirektem Weg passieren, z.B. Kontrolle über Menschenströme, über Waren.

Erster Opiumkrieg: China sollten Handelsbeziehungen nach britischem Muster aufgezwungen werden. China wurde militärisch vernichtend geschlagen. 1842: Vertrag von Nanjing. Erstes Abkommen in der Neuzeit, mit dem ein „Vertragssystem" etabliert wurde.
- 5 chinesische Häfen für den internationalen Handel geöffnet
- Hong Kong wird britische Kolonie
- Exterritoralität: Ausländer eines Vertragsstaates waren nicht mehr der chinesischen Rechtssprechung unterstellt, sondern konnten nur ihrem Konsul ausgeliefert werden.
- Meistbegünstigungsklausel: An jedem weiteren Zugeständnis, das China einer dritten Macht machte, z.B. weitere geöffnete Häfen, war GB automatisch beteiligt.

Die Briten waren mit diesem Abkommen aber bald nicht mehr zufrieden, daher 1856-1860 zweiter Opiumkrieg (Anlass: ein nichtiger Vorfall als Vorwand).

Ergebnis: Besetzung Pekings, Plünderungen von Palästen.

Außerdem: Es wurden weitere Häfen geöffnet. Niederlassungen (settlements) wurden eingerichtet.

China wurde gezwungen, ein Außenministerium einzurichten. Leiter: „Prinz Gong" (Yixin).

Vorher gab es in China kein Außenministerium. Es gab höchstens Tributzahlungen. Aber damit war GB nicht zufrieden. Sie wollten die Beziehung nach westlichen Vorstellungen gestalten.

Das Vertragssystem wurde später von chinesischer Seite als „ungleiche Verträge" bezeichnet. Ein politischer Kampfbegriff wurde das aber erst 1922.

Parkordnung: In die Parks in Shanghai durften keine Chinesen mehr. „The gardens are reserved for the foreign community". Chinesen durften den Park also nur in Begleitung oder als Bedienstete betreten.

Amahs waren chinesische Dienstmädchen, die die Kinder betreuten. (Die durften im Park nicht sitzen, während die Kapelle spielte.)

Überblick über die geöffneten Häfen in China.
In den meisten Vertragshäfen gab es eine Hafenstraße mit einer Mauer, z.B. auch in Shanghai. Dadurch wurde eine ausländische Enklave geschaffen. Exterritorialität. Es wurde de facto ein eigener Lebensraum auf chinesischem Territorium geschaffen.

In Shanghai gab es ab ca. 1860 drei solcher Konzessionen (GB, Frankreich, Dtl.) … Heute ist von dieser Mauer nichts mehr zu sehen.

Plan von Shanghai im 19. Jahrhundert: Ca. ¾ der Stadt gehörten zum „international settlement" und nur ein kleiner Teil war noch chinesisch.

Eigene Verwaltung des international settelements: Shanghai Municipal Council. (Kontrolliert durch die anwesenden Kaufleute, die vor allem Briten waren. Also im Prinzip Selbstkontrolle.)
Nur im Bereich der Rechtssprechung war dieser Bereich nicht ganz unabhängig, sondern es gab einen „mixed court", denn die Chinesen, die in diesem Bereich wohnten, waren ja immer noch chinesische Staatsbürger.
Das hat zuerst ganz gut funktioniert, aber 1906: mixed court riot, denn man empfand ein Urteil des mixed court als ungerecht.

Symbole westlicher Herrschaft:
- Denkmäler (fast alle sind mittlerweile anderswo untergebracht oder ganz verschwunden).
- Baustile, z.B. ein Baustil, den die Briten vorher schon in Südostasien verwendet hatten.
- Freizeiteinrichtungen (strikt nach Nationen getrennt), z.B. Gesangsverein, Golfplatz, Rennbahn.

Es war immer auch das Militär präsent. „Kanonenbootpolitik". Man hat zwar nicht ständig Krieg geführt, aber die Kriegsschiffe waren immer da. Sie wurden teilweise direkt für die chinesischen Flüsse gebaut (geringer Tiefgang, starke Motoren). Es gab nur wenig Besatzung und eine schwache Bewaffnung. Mit einem Kanonenboot wäre kein Krieg zu gewinnen gewesen, aber es war ein Symbol, dass da noch mehr nachkommen könnte. („Es geht um den Glauben. Nichts darf diesen Glauben erschüttern.")

Memoiren eines norwegischen Seezollbeamten, der in einer kleinen Stadt war: Es gab einen Club, wo man Billard spielen oder sich betrinken konnte. (Manche Stützpunkte waren sehr klein und man hatte nicht viel Abwechslung.)

Kanonenbootpolitik kann nur im Wissen eines asymmetrischen militärischen Verhältnisses ausgeübt werden.

Konkrete militärische Präsenz nach dem Boxeraufstand (Fotos). Freiwilligencorps. Diese wurden offiziell gefördert, z.B. gab es einen jährlichen Schießpreis. (Es gibt noch alle Akten dazu.)

<u>Deutschland und China:</u>
Offizielle Beziehungen zu China ab 1861: Entsendung eines Geschwaders durch die preußische Marine, denn man glaubte, dass ein Gesandter nicht glaubwürdig auftreten könnte, wenn er einfach mit einem Passagier- oder Handelsschiff ankam. Außerdem hatten GB und Frankreich auch zahlreiche Kriegsschiffe vor Ort.

„Freundschaft-, Handels- und Schifffahrtsvertrag": Grundlage für diplomatische Beziehungen zwischen Deutschland und China bis 1921. Gegründet von ganz Deutschland ohne Österreich.
Danach trieben deutsche Kaufleute Handel mit China, es gab auch eine Vertretung der kaiserlichen Marine.

„Pfannenkrieg von [Amoy] 1883": Die chinesischen Behörden beschlagnahmten eine Ladung Pfannen zum Zuckersieden und behaupteten, er hätte ein Gewerbe ohne Genehmigung betrieben. Ausländer brauchten damals einen chinesischen Partner, um ein Gewerbe eröffnen zu dürfen.
Der Kaufmann beschwerte sich, die SMS Elisabeth holte die Pfannen aus dem Keller des Amtsgebäudes, deponierte sie im Konsulat und zog wieder ab. (Die Pfannen lagen zwei Jahre später immer noch im Konsular).
Zwar haben die Soldaten nicht geschossen, aber der Vorfall zeigt doch den Status, den Deutschland dort hatte.

„Niederlassung": Ein solches Gebiet blieb formal ein Teil Chinas, aber das Recht auf die Nutzung dieses Grundes wurde offiziell abgetreten. Deutschland bekam 1895 eine Niederlassung. Zu diesem Zeitpunkt wollte Deutschland bereits einen Marinestützpunkt. → Kleines Zugeständnis von chinesischer Seite? Oder lag es daran, dass China einen Krieg gegen Japan verloren hatte und daher die Unterstützung durch ausländische Mächte wollte?
Es ging um irgendwelche Inseln, die China dann auch tatsächlich nicht abgeben musste.

[Kiaojou] war als Prestigeprojekt sehr teuer. Die Niederlassungen sollten daher so wenig wie möglich kosten. Die Banken sollten das finanzieren.

Die Stadtverwaltung von Kiautschou hat ihren Sitz in einem damals von den Deutschen gebautem Gebäude.

Die Chinesen in Kiautschou wurden in ein eigenes Stadtgebiet ausgegliedert, und im deutschen Teil wurden sie nur z.b. als Bedienstete zugelassen. Eine vierköpfige Familie hatte 10-15 Bedienstete. Die wohnten bei der Familie, aber Arbeiter wohnten außerhalb.

„Scramble for China": Die Russen annektierten nun die Halbinsel, um die sich China mit Japan gestritten hatte.

Widerstandsbewegung der „Boxer", ab 189[9]. 1900 Übergreifen auf Peking. "Boxeraufstand"
Die Bewegung richtete sich gegen die Anwesenheit der Ausländer in China, außerdem gegen chinesische Christen, denn das waren die Repräsentanten der fremden Kultur, derer man habhaft werden konnte.
Viele der Auseinandersetzungen im Boxeraufstand wurden aber nicht von Boxern geführt, sondern von der regulären chinesischen Armee. Der deutsche Gesandte wurde ermordet, und schließlich kam es zum massiven Eingreifen internationaler Truppen. Bislang größter deutscher Militäreinsatz in Übersee. Die Deutschen hatten den weitesten Anreiseweg. (Die Briten und Franzosen konnten Truppen aus ihren Kolonien verlegen, und auch Russland und Japan hatten es nicht so weit.) Die „Boxer" wurden als zum großen Teil mit indischen Truppen bekämpft.

„Hunnenrede" Wilhelms II: „Gefangene werden nicht gemacht", die Deutschen sollten sich aufführen wie ie Hunnen unter König Etzel, so dass es auf 100 Jahre kein Chinese wagen würde, einen Deutschen „auch nur scheel anzusehen". Es gab aber gar keine Schlachten mehr zu schlagen und man konnte höchstens noch Dorfbewohner massakrieren.

Der „Scramble for China" ist nun vom Tisch. Man hätte sich ohnehin nie auf einen Grenzverlauf einigen können.

Um 1907 ist Deutschland in Europa zunehmend isoliert und denkt daher an einen ostasiatischen Dreibund.
Als Großmacht spielt Deutschland nur noch eine zurückgezogene Rolle. Außerdem merkte man, wie teuer der Kolonialismus eigentlich war. Auch würde man den Marinestützpunk im Fall eines Krieges nicht halten können. [Kiaojou] war für einen Kreuzerkrieg gedacht gewesen. Die Kreuzer hätten dort repariert werden können.
Es gab Überlegungen von deutscher Seite, die Kolonien einfach wieder zurückzugeben. 1914 mit Ausbruch des 1. WK dachte man nicht mehr daran. Japan erklärte dem Deutschen Reich wegen [Kiaojou] den Krieg.

Man hatte aber weiter die Niederlassungen und China blieb ja im 1. WK neutral. Aber 1917 erklärte auch China dem D. R. den Krieg. Deutschland verlor nun also seine Niederlassungen. Man hatte den Chinesen zunächst die Verwaltung überstellt und hoffte, die Niederlassungen nach dem Sieg wieder zu übernehmen. Die Chinesen sahen das anders: Sie übernahmen sofort mit massiver Polizeipräsenz die Macht in diesen Niederlassungen. Dadurch wurde verhindert, dass die deutschen Kolonien dann nach dem Versailler Vertrag durch GB oder andere Entente-Mächte übernommen wurde.

Einführung in die deutsche Kolonialgeschichte, 12.12.13

Koloniale Situation in Ostafrika: Es gab bereits seit längerem Handelswege von Karawanen vom Hinterland an die Küste. Die Deutschen waren ein neuer Faktor dort. An der Küste übernahmen die Deutschen Verwaltungsstrukturen, die das Sultanat von Sansibar schon geschaffen hatte. Sie wurden vom Deutschen Reich aus bezahlt.

„Jumbe": ehrenamtliche einheimische Beamte, d.h. sie wurden zwangsweise verpflichtet, übernahmen aber wichtige Funktionen, z.B. mussten sie Steuern einziehen.

Drei Gebiete in Ostafrika werden beispielhaft vorgestellt:

1. Hehe-Gebiet.

Die Hehe entstanden ab Anfang des 19. Jahrhunderts, da verschiedene Völker sich dort zusammenschlossen, um sich gegen die Angriffe von Südafrika aus zu wehren. Dort gab es eine expandierende Raubökonomie (Tributpflicht, militärische Angriffe). Dieser Prozess ist durch die Etablierung der Kap-Kolonie ausgelöst worden, dadurch kam es ab den 1820er Jahren zu einer Destabilisierung dieser Region. (Shaka Zulu)

Hauptort der Hehe: Iringa, Oberhaupt: Mkwawa

Eine Schlacht der Deutschen gegen die Hehe endete in einer vernichtenden Niederlage für die Deutschen, bei der ca. ein Drittel der deutschen Soldaten fielen. Es folgte eine „Befriedungsaktion" (= Racheakt), 1891-1898. Die Hehe kämpften als Guerilla-Krieger, und Mkwawa war nicht aufzufinden. Diesen Krieg kann man als ersten Vernichtungskrieg Deutschlands ansehen. Die Deutschen hatten Nachschublinien, die Hehe lebten aber vor Ort und waren auf die Felder dort angewiesen. Man konnte ihnen also durch eine Zerstörung dieser Felder die Lebensgrundlage entziehen.

Buch: Magdalene Prince: Eine deutsche Frau im Innern Deutsch-Ostafrikas – Elf Jahre nach Tagebuchblättern erzählt. Berlin, 1903.

Der Schädel von Mkwawa war dann eine Trophäe für die Deutschen, musste aufgrund des Versailler Vertrages wieder zurückgegeben werden und ist heute in einem Museum in Iringa (Tansania) zu sehen.

John Iliffe: Afrika-Historiker. Achtete besonders auf afrikanische Akteure und berücksichtigte neue Quellen, z.B. mündliche Überlieferungen. Interviews zu den Maji-Maji-Kriegen → Quellenkorpus
So entstand die konventionelle Erzählung zum Maji-Maji-Krieg. (Siehe „Tanganyika under German rule", Nairobi et al 1969)

Iliffe sagt, dass der Maji-Maji-Krieg dann zu den Dernburg-Reformen führte.

Maji-Maji-Krieg: 1905-1908.

Die beteiligten Gruppen sprachen 25 verschiedene Sprachen und die meisten von ihnen hatten keine zentralisierte Herrschaft.

Maji = Wasser. Diesem Wasser sprach man eine magische Wirkung zu, d.h. man wurde durch das Wasser unverwundbar (da es die Gewehrkugeln der Feinde in Wassertropfen verwandelte). Wenn man eine neue Gruppe traf, gab man ihnen von solchem Wasser, das man dabei hatte, zu trinken. Ab dann gehörte man zusammen.

Der Feind in diesem Krieg waren zunächst die arabischen und indischen Akidas (= Kaufleute), die z.B. Steuern eintreiben wollten. Es gab nur 15 deutsche Todesopfer in diesem Krieg, die meisten von ihnen Missionare. Zu den indischen und arabischen Todesopfern gibt es keine Zahlen. 75.000-300.000 afrikanische Opfer. Die meisten von ihnen fielen der Hungersnot zum Opfer, denn auch im Maji-Maji-Krieg wandte man die Taktik der verbrannten Erde an, zerstörte also die Felder.

Maji ist ein Suaheli-Wort. Diejenigen, die sich gegen die Araber zusammengeschlossen hatten, sprachen aber gar nicht Suaheli, sondern das war die Sprache, die die Araber verwendeten.

Graf von Götzen: Zwei Zitate werden vorgelesen.

Die Ursache des Aufstands sieht er darin, dass ein „farbiger Unterbeamter" zu viel Arbeitsleistung von den Zwangsarbeitern (= Sklaven) seiner Plantage forderte.

Die Deutschen fühlten sich von diesem Aufstand zunächst noch nicht angesprochen. Es gab aber Angriffe auf eine Farm in den Matumbi-Bergen und auf die Stadt Samanga. Die Kolonialmacht hatte zwei Heiler festgenommen und ließ sie aufgrund von Gerüchten hinrichten. Sie sollen einen Aufstand angeführt haben.

Kinjekitile Ngmale = einer der Heiler. Er prophezeite kurz vor seiner Hinrichtung, dass man „das Maji" nicht aufhalten könne.

Es wurden dann Missonare ermordet, die zu ihrer Missionsstation unterwegs waren, und es wurden Missionsstationen angegriffen. Außerdem werden Steuereintreiber ermordet.

Ngindo, Matumbi: Nicht zentralisierte Gesellschaften, hatten sich schon vor den Sklavenjagden in die Berge zurückgezogen und wollten einfach ihre lokalen Ressourcen kontrollieren und keine Steuern zahlen, da sie ohnehin nicht viel hatten.

Einführung der Kopfsteuer 1905 (vorher gab es eine Hüttensteuer, d.h. die Steuern wurden nun höher), außerdem sollte in den Matumbi-Bergen Baumwolle angebaut werden (also Zwangsarbeit). Das waren die Ursachen der Aufstände.

Das Maji-Maji-Gebiet war kein Siedlungsgebiet der Weißen

Die lokalen Bündnispartner erwarteten von den Missionaren teilweise, dass sie Steuern falls nötig auch mit Waffengewalt eintrieben. Das konnten und wollten die Missionare nicht leisten, daher mussten sie ihre Bündnispartner enttäuschen.

Das Maji wird oft als etwas gesehen, das eine Einheit zwischen unterschiedlichen „Stämmen" schuf. Aber auch diese Vorstellung von den Stämmen ist so schon falsch. Es gab keine unterschiedlichen

Stämme, die da vereinigt werden mussten.

Elefantenjäger waren über weite Gebiete hin vernetzt. Sie hielten sich nicht an künstlich geschaffene Landesgrenzen. Bevor sie auf die Jagd gingen, nahmen sie eine bestimme „Medizin", um Erfolg zu haben und das eigenen Leben zu schützen. ... Nun musste man Lizenzen erwerben, um auf die Jagd nach Elefanten gehen zu dürfen, und diese Lizenzen waren sehr teuer.

Nkomanile = Eine Heerführerin, die eine wichtige Rolle spielte.
Omari Kinjala

Maji-Botschaft vs. Maji-Medizin, Maji-Zauber.
Wenn man von „Maji-Zauber" spricht, klingt das so, als würde man die Afrikaner, die hier gewaltsam Widerstand leisten, nicht ernst nehmen. Sie handelten aber durchaus rational.
Die Maji-Bewegung war nicht zentral gesteuert. Kommunikation war nicht das Mittel, sondern die Ursache dieser Bewegung.

Alfred von Rechenberg: Neuer Gouverneur. Er forderte:
- Kein weiterer Ausbau der Plantagen
- Kein weiterer Landverkauf an Europäer
- Kein zwangsweiser Anbau von Baumwolle
- Förderung der indischen Händler

Frage: Ist Maji-Maji eine Fremdbezeichnung?
Antwort: Andere Bezeichnung für diesen Krieg: Homa-Homa (homa = stechen)

Jean-Pierre Chrétien: Great Lakes of Africa: Two Thousand Years of History.

Hat den Konflikt zwischen Hutu und Tutsi untersucht. Es war möglich, zwischen beiden Gruppen zu wechseln, dabei kam es auf die Zahl der Rinder an, die man besaß. Es gab auch Klane, in denen Hutu und Tutsi gemischt waren.

Mwami = „König". Seine Macht war allerdings begrenzt, es war nicht so, wie sich die Europäer das dachten. Wichtig war auch die Königinmutter, Umugabekazi. Diese Frau musste nicht unbedingt die leibliche Mutter des Königs sein.

Oberschicht: Tutsi (Rinderhalter)
Unterschicht: Hutu (Ackerbauern)

Die Militarisierung in Ruanda und Burundi war ein Schutz gegen den Sklavenhandel.

1891 wurde die erste Erkundungsorganisation in diese Gebiete geschickt (Graf von Götzen).
Graf von Götzen prägte die Vorstellung, dass der Mwami sehr mächtig war.

Ruanda: Mwami Musinga. Er war der leibliche Sohn der Umugabekazi, die vom vorherigen Mwami inthronisiert worden war. Sie hat diesen vorherigen Mwami dann getötet. Die Gesellschaft war gespalten, einige unterstützen noch den alten Mwami, andere den neuen, Musinga.

Ujiji, 1896 deutsche Militärstation wird errichtet. Leiter: Hans von Ramsay.
Ramsay traf jemanden, den er für den Mwami hielt. Es war aber nur ein Stellvertreter. Diesem Stellvertreter gab er die deutsche Flagge und hielt den Schutzvertrag nun für besiegelt.

Diese indirekte Herrschaft der Deutschen stützte sich auf existierende politische Strukturen, aber dadurch wurden eben diese Strukturen wiederum verändert, weil die Machthaber nun Unterstützung von außen hatten.

1912 kämpfte eine deutsche Schutztruppe in Ruanda drei Monate lang in einer internen Angelegenheit drei Monate lang für Musinga, zusammen mit seiner Armee. Durch diesen Krieg wurde die Macht von Musinga gefestigt. Die Hutu-Könige aus dem Norden wurden durch diesen Kriegszug entmachtet.

In Burundi wurde der lokale Mwami nicht in dieser Form unterstützt. Es gab dort auch keinen so zentralen Mwami. Aber das lassen wir nun weg und kommen zum südlichen Afrika.

Residenturen: Es gab dort jeweils einen deutschen Residenten, der am Hof des afrikanischen Königs eine ähnliche Rolle wie ein Botschafter haben sollte.
Die Idee des Residentursystems kann als realpolitischer Niederschlag des Kolonialsystems nach 1907

angesehen werden. Man wollte nicht mehr so aggressiv auftreten, sondern mit den lokalen Strukturen in einen Dialog treten.

1916 wurden die Gebiete von belgischen Truppen besetzt, 1919 dann unter belgische Verwaltung gestellt.

Südliches Afrika

„Deutsch-Südwestafrika", heute Namibia, zum größten Teil Wüstengebiet.

1884 wurde der erste deutsche Schutzvertrag in Südwestafrika abgeschlossen (es war also die erste deutsche Kolonie). Dieses Küstengebiet war wenig attraktiv, weil die Wüste in Namibia bis an die Küste reicht. Walfänger landeten an der Walvis Bay.

Die Rheinische Mission war ab 1886 dort aktiv. Siehe Friedrich Fabri, zweite Vorlesung.
Fabri hat schon vor 1886 darum gebeten, die Walfis Bay unter den Schutz des Deutschen Reiches zu stellen. Das hat dann erst der Waffenhändler Büderitz erreicht, der hohe Abgaben an die Briten zahlen musste, weil dieses Gebiet im Bereich der britischen Kapkolonie lag.

Das Kap der Guten Hoffnung wurde 1487 von den Portugiesen auf dem Weg nach Asien umschifft.
1652: Gründung Kapstadts.

Karte: Niederländische Kapkolonie 1795.
Es lebten dort schon Menschen, und zwar die Khoikhoi. Es war zwar verboten, die ansässige Bevölkerung zu versklaven, man wollte aber auch keinen Kontakt mit der Bevölkerung. Die Sklaven wurden von außerhalb nach Südafrika gebracht.

Konflikte zwischen den Siedlern (Trek-Buren) und den Khoikhoi. Es wurde eine Grenze festgelegt, die die Siedler nicht überschreiten sollten, aber sie haben sich nicht daran gehalten. Außerdem waren die Siedler Sklavenhalter und haben kaum einen Unterschied zwischen den Sklaven und den Khoikhoi gemacht.

Die Khoikhoi wussten, dass sie militärisch unterlegen waren und haben daher nicht versucht, sich zu widersetzen. Es kam zu abhängigen Verhältnissen.

Schon vor der Mitte des 19. Jahrhunderts grenzten sich die Siedler sehr stark von der lokalen Bevölkerung ab.
Die Mitte des 19. Jahrhunderts wird normalerweise als Beginn des Rassismus angesehen. Vorher gab es durchaus Familiengründungen zwischen Europäern und Afrikanerinnen.

Offizielle Verbote von „Mischehen" ab 1909.

Es gab aber große Bevölkerungsgruppen, die Schwierigkeiten hatten, sich in das neue duale System einzuordnen. Einige der „Mischlinge" konnten sich ins weiße Kollektiv einordnen, andere nicht.

Die weißen Siedler betrieben Subsistenzwirtschaft und zogen mit ihrem Vieh von einer Weide zur anderen, daher „Trekburen". Die Afrikaner lebten dort ganz ähnlich.

„Frontier". Die Präsenz der Europäer ist in Kapstadt am stärksten und wird im Hinterland dann immer schwächer.

Die Farmen der Niederländer (Buren) waren Selbstversorger. Sie bildeten ein Netzwerk, dem nur Buren und Christen angehörigen konnten. Die Hautfarbe wurde ein entscheidender Grenzmarkierer. Die [Khosan] versuchten, dieser Frontier auszuweichen und siedelten in abgelegenen bergigen Gebieten.

Direkt an der Frontier siedelten gemischtrassige Bevölkerungsgruppen, desertierte Soldaten, arme Trekburen, Desperados, etc. Es entstanden dort neue Bevölkerungsgruppen (Griqua, Oorlam)

Pella, Geburtsort von Kaptein Hendrik Witbooi, liegt in diesem Gebiet. (Heute Südafrika.) Sein Vater führte die Familie dann nach Norden. Dort gründeten die Witbooi einen neuen Ort, den sie „Gibeon" nannten. Wirtschaftsweise: Viehbesitz, Handel. Kontakt mit Missionaren.

Die Gruppen an der Frontier raubten häufig Vieh und Kinder, die sie dann als Sklaven verkauften.

Zentralisierung: Wasserstellen konnten nun verteidigt werden. Diese waren wichtig, um die Viehherden zu tränken.

Die Rheinische Missionsgesellschaft sandten Missionare nach Gibeon zu Henrik Witbooi.

Hottentotten: Der Name kommt daher, dass diese Menschen die Xhosan-Sprachen mit den vielen Klicklauten verwendeten und andere daher ihren Namen nicht aussprechen konnten.

Witbooi und andere [Nama] entschlossen sich zum Widerstand gegen die Deutschen. [Grund: Konflikt mit den Herero.]

Das Problem war hier auch wieder, dass die Deutschen in ein Gebiet kamen, in dem es schon viele interne Konflikte gab.

Helmut Bley (1968): Kolonialherrschaft und Sozialstruktur in Deutsch-Südwestafrika 1894-1914.

Bley bezeichnete diesen Krieg bereits als Vernichtungskrieg, weil Zivilisten umgebracht wurden.

Die militärische Eroberung sollte in dieser Form aufgegeben werden. Statt dessen sollte Major Leutwein diese aggressive Politik bremsen. Er sollte Deutschland als Machtfaktor aufbauen, also einen Kolonialstaat gründen, allerdings ohne dabei nur mit Gewalt vorzugehen. Die verschiedenen Gruppen sollten diesen Kolonialstaat anerkennen.

Samuel Maharero (1856-1923) vertrat eine Gruppe der Herero. Die Deutschen sollten ihm helfen, diesen Anspruch durchzusetzen. Er trug Konflikte mit anderen Herero nicht mehr direkt aus, sondern hielt sich an das Prinzip des Landfriedens und bat statt dessen die deutschen Truppen um Hilfe. Er benutzte die deutschen Truppen also für seine Interessen.

1894 erschien den Deutschen die Beziehung zu den Herero als friedlich.
Brief von Witbooi and Maharero. Er kritisiert den Abschluss dieses Schutzvertrages.

Leutwein entschied sich für eine politische Lösung, d.h. er entwaffnete die Witbooi nicht. Diese sollten aber umgesiedelt werden und sich auf Kronland ansiedeln.
Vertraglich fixiertes Bündnis zwischen Leutwein und den Witbooi.

Foto: Hendrik Witbooi leistet Heeresfolge. (Er war verpflichtet, den Deutschen im Konfliktfall mit allen seinen waffenfähigen Männern militärischen Beistand zu leisten. Das ist auch mehrmals passiert.)

Ovambo-Gebiete: Komplett außerhalb des Verwaltungssystems.
Ansonsten war Deutsch-Südwestafrika bis 1904 vom Militär verwaltet. Viele dieser Militärs blieben dann als Siedler. Ab 1905 kamen immer mehr weiße Siedler ins Land und stellten Forderungen, die die Afrikaner nicht erfüllen konnten und wollten. Es ging dabei z.B. um die Wasserstellen.

Samuel Maharero wurde von den Deutschen massiv unterstützt und wurde so zur zentralen Person der Herero.

Es gab eine Rinderpest in diesem Gebiet. Viele Afrikaner verloren so ihre Rinder und waren so gezwungen, für die Weißen zu arbeiten.

Es wurde ein Gesetz erlassen, dass bestimmte, dass Kredite von Afrikanern nach 5 Jahren verjährten. Also versuchten die Händler, sofort eine Rückzahlung aller offenen Kredite zu erreichen.

Krieg der Herero gegen die Deutschen ab 1904. Es wurden Farmen angegriffen. Frauen und Kinder wurden zu den Missionsstationen eskortiert. Beim Maji-Maji-Krieg war das anders, weil dort die Missionare eine andere Stellung hatten.

Es gab aber Gerüchte von Misshandlungen, die zu einer Radikalisierung des Krieges führten. Es wurde schnell Nachschub aus Deutschland geschickt – junge Soldaten, die Rache wollten.

Schlacht am Waterberg: Kesselschlacht, d.h. die Herero (mit Vieh, Kindern und Frauen) wurden umzingelt. Sie dachten, es würde um Verhandlungen gehen. Lothar von Trotha, ab 3.5.1904 Kommandeur.
„Vernichtungsbefehl" vom 2.10.1904
Die Herero konnten nicht komplett umkreist werden. Militärisch ist unklar, wer gesiegt hat. Aber die Herero konnten nur in die Omaheke-Wüste fliehen. Die Wüste wurde abgeriegelt und die Herero sind dort verdurstet (die wenigen Wasserstellen waren abgeriegelt).

Auf Herero, die aus der Wüste zurückkamen, wurde geschossen, auch auf Frauen und Kinder. Von Trotha glaube, dass die Herero verwundete deutsche Soldaten vestümmelt hätten und das war seine Reaktion.

Samuel Maharero floh durch die Wüste in das britische Gebiet. Die Herero kannten die Wüste ja – trotzdem gab es viele Todesopfer.

19.11.1905 verließt von Trotha Südwestafrika, ohne offiziell entlassen worden zu sein. Er kehrte nach Deutschland zurück, wo er nicht sehr begeistert aufgenommen wurde.

Herero, die sich ergeben wollten, wurden aufgenommen und zu Sammelstellen gebracht, „Konzentrationslager" genannt. Es gab dort dann auch Zwangsarbeit. Über die Hälfte der Inhaftierten kamen dort ums Leben. Frauen und Kinder vor allem, weil sie geringere Rationen bekamen und sexueller Gewalt ausgesetzt waren.
Eines dieser Lager war z.B. auf der Walfisinsel.
Die Missionare waren für die Organisation dieser Lager zuständig.

Guerrillakrieg der Nama. Henrik Witbooi fiel in diesem Krieg. Deswegen kapitulierte die gesamte Witbooi-Gruppe.

Die genauen Opferzahlen des Herero- und Nama-Krieges kennt man nicht. Genoziddebatte. Ein Ziel des Krieges war die Durchsetzung einer kolonialen Siedlungspolitik, die ausreichend Farmland für weiße Siedler zur Verfügung stellte. Die Herero, die aus den KZs entlassen wurden, mussten dann auf deutschen Farmen arbeiten, weil sie ja kein Land mehr hatten. Sie hatten nur winzige Schutzgebiete. Wenn die Herero reisen wollten, brauchten sie eine Genehmigung ihres Arbeitgebers. Sie mussten auch immer einen Pass bei sich tragen. (Sie liehen sich die Pässe aber auch gegenseitig aus und bauten heimlich Viehherden auf. Das blieb den Deutschen weitgehend verborgen.) Kommunikation mit Exilgruppen in Botswana.

Einführung in die deutsche Kolonialgeschichte, 09.01.14

Pazifik: Es gab deutsche Kolonien auf Samoa und in Teilen von Neu-Guinea. Das waren aber sehr kleine Inseln. (Karolinen, Marianen). Alle diese Gebiete waren „sehr peripher" - großes Wassergebiet mit einigen kleinen Inseln auf der anderen Seite der Welt.

In der deutschen Kolonialpolitik (Bismarck) wurden diese Gebiete aber auf einmal sehr zentral (Samoa-Frage).

Ab den 1870er Jahren: Industrialisierung in Deutschland, dadurch wurde der Expansionsgedanke verstärkt. Vor allem am pazifischen Raum waren die Kaufleute interessiert, denn es gab dort ja schon weiße Siedlungskolonien (Australien, Neuseeland, etc.)

Spanien stellte auch noch Ansprüche auf diese Gebiete aus der frühneuzeitlichen Kolonisation (15./16. Jahrhundert), denn damals hatte der Papst die Welt ja in zwei Einflussbereiche aufgeteilt. Auch Portugal hatte noch Interessen. Frankreich aber weniger, da diese ja in Afrika sehr stark vertreten waren. Im Pazifikraum traten auch die USA als Kolonialmacht auf. Sie waren an Stützpunkten interessiert, z.B. Hawaii.

In den 1870er Jahren traten im Pazifikraum neue Akteure auf, darunter auch Deutschland.

Deutschland schloss 1878 Verträge mit Tonga und mit einigen anderen kleinen Inselgruppen im Pazifik, z.B. Mikronesien.

Es wurden Verträge abgeschlossen, in denen es aber nur um das Recht ging, Handel in diesen Gebieten zu treiben. Diese Verträge hatten noch nichts mit kolonialen Ansprüchen zu tun. Es wurden allerdings bereits Flaggen verteilt.

Die Unterscheidung zwischen Mikronesien, Melanesien und Polynesien ist ein europäisches Konstrukt. Die Menschen in Melanesien hatten eine etwas dunklere Hautfarbe und wurden daher eher so wie Afrikaner gesehen. Um die Bewohner der anderen Inseln entstand so eine Art Südseeromantik.

Der Besitz von deutschen Kaufleuten auf Fidji wurde enteignet, als Fidji britische Kolonie wurde. Die Forderungen der Kaufleute wurden zunächst immer wieder verschleppt und erst Jahre später eingefordert.

1880: Samoa-Vorlage. Oft wird gesagt, dass die „der eigentliche Beginn deutscher Kolonialpolitik" sei. Es ging dabei um ein Handelshaus aus Hamburg (Godeffrey), das seit 1857 in Samoa Handelsniederlassungen hatte. Es wurde u.a. mit Kopra gehandelt. Das ist das wichtigste Handelsgut dieser Gegend. Das innere der Kokosnuss wird getrocknet uns so exportiert (das ist Kopra), und später macht man daraus Kokosfett. Der ganz überweigende Teil des Kopra kam aus Deutsch-Neuguinea.

1879 wurde ein Stützpunktvertrag für Samoa mit den Deutschen ausgehandelt. Das wurde ein exklusiver Hafen, wo nur deutsche Kaufleute landen durften. Das sah man als Schlüsselposition – zwischen den USA, China, Japan, England, etc. Also Samoa als Schlüssel zu einer Weltmachtstellung. Aber das Handelshaus Godeffrey stand kurz vor der Pleite, da es schlecht investiert hatte. Es hatte große Schulden bei einer englischen Bank. Der größte Teil der Aktien von Godeffrey war an diese englische Bank verpfändet.

Godeffrey wurde dann von der deutschen Regierung unterstützt, da man den Stützpunkt auf Samoa als nationales Interesse sah. Und zwar sprach man eine Dividendengarantie auf die Aktien der Firma aus – es sollte 20 Jahre lang eine Dividende von 3% p.a. geben. Viele Abgeordnete enthielten sich der Stimme, da dieser Entwurf recht schnell vorgelegt wurde. Insgesamt wurde die Samoa-Vorlage abgelehnt. Empfindliche Niederlage für Bismarck.

Aber die Samoa-Vorlage führte immerhin zu einer öffentlichen Debatte über dieses Thema. Es wurde ein Bank-Konsortium gebildet, um Godeffrey zu unterstützen. Der Vorsitzende dieses Konsortiums interessierte sich dann für den Pazifikraum und sagte, dass es doch eine gute Idee wäre, dort Kolonien zu gründen. (Oft wird gesagt, dass die Kolonien in Westafrika zu dieser Idee führten, aber die Kolonien im Pazifikraum wurden in Wirklichkeit eher gegründet.)

1885: Gründung der Neu-Guinea-Kompanie, eine Chartered Company nach Westafrikanischem Vorbild.

Es gab Konflikte mit Australien, denn diese sahen Neu-Guinea auch als ihr Interessengebiet an.

Bis heute gilt das Jahr 1899 als der Beginn der deutschen Kolonialherrschaft in Neu-Guinea. Bis dahin war dort nur die deutsche Neu-Guinea-Kompanie aktiv, die aber noch keine Hoheitsrechte ausübte.

Von der Bevölkerung und der Fläche her war der wichtigste Teil dieser Kolonie ganz klar Neu-Guinea.

Einige Inseln des Bismarck-Archipels wurden umbenannt, z.B. in Neu-Pommern, Neu-Lauenburg. Und nur dort gab es auch eine deutsche Kolonialverwaltung. Die Neu-Guinea-Kompanie scheiterte von Anfang an – mangelnde Ortskenntnisse, Missmanagement, etc. Der Vorsitzende der Firma, Hanselmann, war anscheinend nie dort vor Ort.
Man konnte die Bevölkerung vor Ort nicht als Arbeitskräfte gewinnen, daher „importierte" man Arbeitskräfte z.B. aus China und Indien. Das führte nicht nur zu neuen Konflikten, sondern war auch sehr teuer → mit diesen Plantagen konnten keine Gewinne gemacht werden. Das Deutsche Reich musste also diese Plantagen finanziell unterstützen, und die Neu-Guinea-Kompanie machte hohe Verluste. Dafür wurde sie von der deutschen Regierung sogar noch entschädigt.

Dieses Scheitern der Handelsgesellschaften gab es an vielen Orten. Aber in der Südsee gab es eine

Ausnahme, nämlich die Jalnit-Gesellschaft (1887-1906, Chartered Company). Diese Firma machte hohe Gewinne und zahlte z.B. in einem Jahr eine Dividende von 84%. Die Firma baute Phosphat auf und damit konnte man hohe Gewinne machen.

Auch die Karolinen spielten für die deutsche Öffentlichkeit eine Rolle. Spanien meldete noch Ansprüche an, weil der Papst ja im 16. Jahrhundert entschieden hatte, dass diese zur spanischen Einflusssphäre gehörten. Die Karolinen wurden also von Spanien gekauft.

Deutsch-Samoa: Samoa-Vorlage 1880 gescheitert. Es gab einen deutsch-amerikanisch-englischen Interessenkonflikt um Samoa. Es gab auf Samoa zwei Familien, die um den Königstitel konkurrierten. Die Deutschen paktierten mit der einen Familie, die Amerikaner und Engländer mit der anderen. Die Deutschen nahmen das Familienoberhaupt der anderen Familie gefangen und deportierten ihn. → Proteste der USA. Neue Samoa-Konferenz. Auf dieser Konferenz wurde 1889 entschieden, dass England, Amerika und Deutschland Samoa gemeinsam verwalten sollten. Das ging nur bis 1899 gut, dann wurde Samoa zwischen Amerika und Deutschland geteilt. England enthielt andere Inseln als Ausgleich.

1899 Samoa wird auch oft als Beginn der deutschen Kolonialherrschaft genannt.

Es gab nur wenige Siedler in diesen Gebieten. 1914 waren es nur 1.137 deutsche Siedler, die auf Samoa lebten.

Bedeutung der kolonialen Zeit in der Südsee für Deutschland?
- Die Südsee hatte für Deutschland nie eine strategiesche oder ökonomische Bedeutung.
- Vermutlich wurde die Kolonialisation nur aus Prestigegründen durchgeführt. Die Südsee wurde ja im 18. Jahrhundert als idealer Gegenentwurf zum korrupten Europa dargestellt.

Es reisten Anfang des 20. Jahrhunderts deutsche „Aussteiger" in die Südsee und gründeten dort Kommunen. Sie blieben zwar nicht lange, aber das zeigt, dass das Idealbild von Samoa als „Perle der Südsee" noch sehr stark wirkte.

Insgesamt hat das Deutsche Reich 42 Mio. Mark für die Südsee aufgewendet, davon war die Hälfte der Kaufpreis und die andere Hälfte waren Unterhaltungskosten. Das hat sich finanziell nicht gelohnt.

Frage: Wie wurde eigentlich Kultur vermittelt in der Südsee?
Der wichtigste Faktor für die Vermittlung der Kultur waren die einheimischen Frauen, mit denen ja viele europäische Männer zusammenlebten. Viele europäischen Männer waren mit einer samoanischen Frau verheiratet oder lebten zumindest mit einer solchen Frau zusammen. Die Kinder aus diesen Ehen

waren sehr erfolgreich und hatten z.B. auch weiße Angestellte.

Es gab zwei Samoanerinnen die auf Neu-Guinea eine sehr wichtige Rolle einnahmen. Eine davon, Queen Emma, hatte große Plantagen auf Samoa. Kurz vor dem 1. WK verkaufte sie ihre Plantagen und reiste nach Monte Carlo. Sie war auch Mitglied im Tennisclub, obwohl sie eigentlich aus rasseideologischen Gründen gar kein Mitglied dort hätte werden dürften. Aber sie hatte so viel Einfluss, dass sie sich über diese Regel hinwegsetzen konnte.

Die Frauen, die Europäer heirateten, gehörten meist zur Oberschicht. Und die Gesellschaft auf Samoa war sehr hierarchisch aufgebaut, daher profitierten die Europäer vom hohen Status ihrer Frauen und konnten dadurch z.B. einfacher Land kaufen.

Es gab damals zwei Kategorien, nämlich Europäer und „Eingeborene", und die Kinder von Deutschen und Samoanerinnen wurden ab 1917 als „Eingeborene" qualifiziert. Trotzdem leisteten die Söhne zu einem großen Teil freiwillig Militärdienst auf den Schiffen dort in der Region, und es gibt sogar Zeitzeugen, die im 2. WK für Deutschland gekämpft haben.

Die ganze Ideologie des Kolonialismus fußte auf dichotomen Kategorien (weiß-schwarz, Europäer-Eingeborener, etc.)

Sprache? Hauptsächlich Englisch (Deutsch hat sich gar nicht durchgesetzt), aber auch Tok Pisin (eine Pidgin-Sprache, die auch von den Deutschen dort verwendet wurde).

Einführung in die deutsche Kolonialgeschichte, 16.01.14

Bild Google Maps Samoa: nur Ozean rundherum!

„Europa hat den Staat erfunden".

Heute ist jede Person mindestens einem bestimmen Staat zugeordnet. Aber den Staat, wie wir ihn heute kennen, gab es nicht immer. Der „moderne Staat" ist ein europäisches Konzept. Er wurde bis zum 19. Jahrhundert in Europa Realität.

Max Weber (1864-1920): Einheitliches Staatsgebiet, Staatsvolk, Staatsgewalt, sowie Gewaltmonopol. Einheitliches Staatsvolk: Die Staaten sind Nationalstaaten.

Letztlich hat die Vorstellung von homogenen Nationalstaaten zum Holocaust geführt. Es ist also nicht hierarchisch gesehen die „beste" Form, wie eine Gesellschaft organisiert sein kann.

Außerhalb von Europa gab es nicht überall dieses Konzept der territorialen Nationalstaaten.
Z.B. Kamerun: Der Norden gehörte zum Kalifat von Sokoto. 1804 begann [Osmaro dan Fodio] einen Dschihad, um die Konflikte zwischen Ackerbauern und Viehhaltern zu lösen.
Mansa Musa war ein anderer islamischer Herrscher im Sahelgebiet. Er nahm auf einer Pilgerreise nach Mekka so viel Gold mit, dass es zu einem Goldwertverfall kam.

Adamawa, heute Nigeria, gehörte zum Sokoto-Gebiet. Die Europäer begrenzten den Expansionsdrang der afrikansichen Herrscher. Sie errichteten Präfekturen dort.

Das Kalifat von Sokoto war eine vormoderne Art, eine Gesellschaft zu organisieren. Es gilt nach der ethnologischen Definition als Staat, aber nicht nach der Definition von Max Weber.
In Afrika war Land im Überfluss vorhanden, und menschliche Arbeitskraft war knapp. Herrschaft bedeutete also nicht, möglichst viel Land zu haben, sondern möglichst viele Arbeitskräfte. In Sokoto gab es Zustände, die man als Sklaverei bezeichnen könnte.

Bei den Duala gab es keine ausgeprägte Zentralgewalt. Diese hatten eine ausgesprächte Schlichtungskultur. So war es auch in Deutsch-Neuguinea und bei den Völkern, die den Maji-Maji-Krieg begonnen haben.
Es war aber nicht so, dass Afrika in der vorkolonialen Zeit nicht organisiert war, sondern es war eben anders orientiert. Es gab keinen Territorialstaat, aber das bedeutet nicht, dass es keine politischen Strukturen gab.

Indirekte Herrschaft: Ruanda, Buruni, Nord-Togo. Die Deutschen kamen nicht damit zurecht, dass es so viele verschiedene Ansprechpartner gab, daher versuchten sie, die Zentralisierung zu fördern.

1894-1904: Der koloniale Staat gab in Deutsch-Südwestafrika das Gewaltmonopol vorübergehend ab, und zwar an Witbooi und Maharero. Auch in Ostafrika wurde das Gewaltmonopol abgegeben. Auch die Kommunikationsformen passten sich den lokalen Gegebenheiten an, z.B. „shauri" - lokale Versammlung, um Dinge zu besprechen. Die Kolonialbeamten beriefen dann selbst Shauris ein. In Westafrika gab es das auch, dort hieß es „Palaver".

Für einen modernen Staat ist auch Souveränität nach innen und außen nötig, d.h. ein Staat muss ein völkerrechtliches Subjekt sein. Sitz in der UNO. Süd-Sudan wurde z.B. vor Kurzem als neuer Staat anerkannt.

Das Konzept der Souveränität entstand in Europa. Der „Souverän" war entweder der König bzw. Kaiser oder das Volk. Souveränität ist nur zwischen modernen Staaten möglich.

Die meisten europäischen Staaten waren in der Hochphase der Kolonialzeit gar keine Nationalstaaten sondern Territorialstaaten. Deutschland wurde z.B. erst 1919 zu einem Territorialstaat (Versailler Vertrag). Wenn man es so sieht, fehlt dem kolonialen Staat die Legitimität.

Zitat Witbooi (Brief an Leutwein) über den Friedensschluss. Witbooi weigert sich, die kolonialen Ansprüche anzuerkennen. Daher kommt es zu einer gewaltsamen Unterwerfung des entsprechenden Gebietes. Das macht Sinn, da der moderne Staat per Definition das Gewaltmonopol hat. Sobald also die kolonialstaatlichen Ansprüche erhoben sind, hat niemand aus diesem Gebiet das Recht, sich dagegen zu wehren.

Wenn also von „Polizeiaktionen" in den kolonialen Gebieten die Rede ist, dann geht es im Prinzip um Eroberungen. Neben den „Polizeitruppen" wurden ab 1891 auch „Schutztruppen" geschaffen. Polizeitruppen und Schutztruppen übernahmen genau die gleichen Aufgaben. Die Männer, die dort Dienst taten, wurden „Polizeisoldaten" genannt. Daran kann man die eigentliche Aufgabe dieser „Polizei" erkennen.

Duala, Kamerun: Es wurde ein Vertrag geschlossen, in dem die Duala ihre Hoheitsrechte an zwei Kaufleute aus Hamburg abgeben. Aber später gab es Streit, da das Land vor Eintreffen der Kolonialmacht keine „terra nullius" war und daher auch nicht einfach annektiert werden konnte.

Leutwein hatte sich dafür stark gemacht, dass die Anhänger von Witbooi in Westafrika nicht entwaffnet werden. Er erklärte Kolonialpolitik als grundsätzlich inhuman (1896), da sie die Rechte der Ureinwohner beschränkt.

Fehlende Präsenz der Kolonialmacht in den Kolonialgebieten. Trotzdem hatte die Kolonialmacht einen Anspruch auf dieses Gebiet. Wenn die Einwohner dieses Gebietes entwaffnet werden, herrscht „pax colonialis" bzw. in den britischen Gebieten „pax britannica".

Die Gewalt, die der Staat ausübt, ist legitim, andere Gewalt ist nicht legitim. Das drückt sich auch in der

Sprache aus, z.B. spricht man von „Pazifizierungskriegen", „Schutztruppe", etc. Wenn sich die Einwohner wehrten, nannte man das „Aufstand", z.B. wurde der Maji-Maji-Krieg „Aufstand in Deutsch-Ostafrika" genannt. Damit wurde ausgedrückt, dass man das nicht für gerechtfertigt hielt.

Zitat Graf von Goetzen: Die „Neger" können nicht zwischen Macht und Recht unterscheiden. Sie erkennen also Recht nur an, wenn es mit Macht durchgesetzt wird. … Wort „Neger": Damit grenzt man die Afrikaner ab, da man betont, dass sie einer anderen „Rasse" zugehören. Die Europäer nehmen für sich in Anspruch, die zivilisierten Völker zu vertreten. Gegensatz dazu: Primitivität.

Da man sich selbst also als zivilisiert definiert, ist jeglicher Widerstand gegen die Kolonialmacht nicht legitim.

Man sollte sich außerdem den Glauben an Magie zunutze machen und sich z.B. selbst mit „Zauberwasser" benetzen lassen. Dem „Fanatismus" schreibt er die hohen Verluste der Gegenseite zu.

Goetzen sah die Zivilisation als so hohes Ziel, dass man die „Naturmenschen" einfach zu ihrem Glück zwingen muss.

John Iliffe: Zitat über den Maji-Maji-Krieg.

Trutz von Trotha: Koloniale Herrschaft

In dem Buch wird die Rolle von Gewalt in der kolonialen Praxis deutlich beschrieben, z.B. Massaker: Ein Dorf wird komplett zerstört, auch Frauen und Kinder werden getötet. Das Vieh wird mitgenommen. Beispiel: Togo (angeblich eine Musterkolonie). Quelle: Studie eines Germanisten in Togo, der in den 1970er Jahren die mündlichen Überlieferungen dort untersucht hat. Diese Massaker blieben also in Erinnerung.

Fehlende Präsenz, fehlende Legitimität → der Machtanspruch der Kolonialherren konnte nur durch Gewalt gesichert werden.

Herero: Die Schlacht am Waterberg ging unentschieden aus, aber: „Die Wüste soll vollenden, was deutsche Waffen nicht geschafft haben."

Der koloniale Staat war ein schwacher Staat der sich durch fehlende Legitimität auszeichnete. Daher Terror als Herrschaftsform. Kolonialer Staat als Militärdiktatur.

1885: Es war ein Reichskommissar mit vier Leuten in Kamerun. 1912 waren es nur 81 Personen. Also kaum deutsche Präsenz. Bei den anderen Kolonialmächten war es ähnlich. Es waren aber nur 10% der Kolonialtruppen Deutsche. Die anderen Soldaten waren aus Afrika und Asien. Sie stellten eine neue Elite dar, hatten große Machtbefugnisse und bekamen ein gutes Gehalt. Als man Leuten in Togo ein Bild eines hochrangigen Militärs zeigten, hielten sie diesen für den deutschen Gouverneur.

Einführung in die deutsche Kolonialgeschichte, 23.01.14

Wirtschaftliche Tätigkeiten in den Kolonien:
Plantagen, Farmen, Handel.

Plantagen wurden vor allem dort aufgebaut, wo die Böden besonders fruchtbar waren, z.B. Südkamerun (Vulkanerde) oder in der Nähe des Kilimandscharo. Es war nur durch umfangreiche Landenteignungen möglich, dort Plantagen zu errichten. Kronlandverordnung: Alles „herrenlose" Land gehört der Krone. In Wirklichkeit war das Land aber gar nicht herrenlos.

Die Afrikaner oder Ozeanier vor Ort mussten dann auf diesen Plantagen arbeiten. Es gab unterschiedliche Arten von Zwang, aber es gab auch einen Arbeitsmarkt für bezahlte Arbeitskräfte, z.B. in Kamerun. Nachteile aus Sicht der Deutschen: Die freien Arbeiter waren sehr teuer und hatten viele Rechte. Außerdem gab es hohe Zahlungen an die Hinterbliebenen, wenn einer der Arbeiter starb.

Die Dozentin hat in Kamerun Interviews über dieses Zwangsarbeitersystem geführt. Das wurde als Sklavenarbeit beschrieben, denn die Arbeitsbedingungen waren sehr schlecht. Es gab viele Todesfälle.

Die Missionare sahen diese Zustände, waren damit nicht zufrieden und machten sich zu „Anwälten der Eingeborenen". Es ging um Wohnraum, um Land, das die Arbeiter zur Verfügung haben sollten, und um Pausenzeiten. Es gab dann etwas weniger Willkür, aber ein freier Arbeitsmarkt war es nach wie vor nicht.

Zwangsmethoden:
- „Steuerarbeit": Es wurden Steuern erhoben, und wenn es in diesen Gebieten noch gar kein Geld gab, dann konnten die Einwohner diese Steuerlast abarbeiten. Also Zwangsarbeit (wenn man davon ausgeht, dass der koloniale Staat nicht legitim ist).
- Nach Kriegen wurden bestimmte Bedingungen für den Friedensschluss auferlegt. Dazu gehörte es auch, Strafarbeiter für einen bestimmten Zeitraum zu stellen.

Die Plantagenarbeit konnte „per Definition" nicht von den Europäern verrichtet werden. Abgesehen davon wären deutsche Arbeiter viel zu teuer gewesen, daher stand das nie zur Debatte.

Es gab „Arbeiteranwerber". Das war in Kamerun so, aber auch generell in Deutsch-Ostafrika.

Es wurde damals nie offiziell von Zwangsarbeit gesprochen, aber es war ein offenes Geheimnis, dass es das war.

Farmen:
Wurden von einzelnen Familien betrieben. Deutsch-Südwestafrika war ja sehr trocken, daher gab es dort vor allem große Viehfarmen, die von der Fläche her sehr groß waren. Nach dem Herero-Krieg

wurde dieses Land enteignet. Für die Ureinwohner wurden kleine Reservate eingerichtet, und es wurde den Herero verboten, Großvieh zu halten. Daher waren sie gezwungen, auf den Farmen der Weißen zu arbeiten.

1910 arbeiteten 90% der Männer in DSW für die Deutschen.

Hausa-Händler: Fernhändler (Küstengebiete, Sahel-Gebiete), wurden von den Deutschen gefördert, denn man sagte, dass kein europäisches Handelshaus jemals diese Leistung bringen konnte.
Andere Händler: Duala, auch Sklavenhändler. Sie hatten ein Zwischenhandelsmonopol, das aber von den Deutschen missachtet wurde. Also bauten sie Kakaoplantagen auf. Als Arbeitskräfte setzten sie ihre eigenen abhängigen Arbeitskräfte (Sklaven) ein.

Bilanz:
Einige deutsche Firmen machten mit der Kolonialwirtschaft große Gewinne. Aber die Importe aus den Kolonien machten nur 0,5%, die Exporte 1% der deutschen Außenhandelsbilanz aus.

Definition des Begriffs „Arbeit" ist nötig. (Ist z.B. Kindererziehung Arbeit?)
Maji-Maji-Krieg: Der zwangsweise Anbau von Baumwolle war der Grund für diesen Widerstand der Bauern.

„Erziehung zur Arbeit" = zentraler Begriff im kolonialen Diskurs
Henning Melber: „Der Weißheit letzter Schluß"
Sebastian Conrad: „Globalisierung und Nation im Deutschen Kaiserreich"

Es ging bei der „Erziehung der Arbeit" auch um eine [Kolonialisierung nach innen], d.h. auch im Deutschen Reich sollten Menschen zur Arbeit erzogen werden, z.B. Obdachlose, die als „arbeitsscheu" galten.

Es waren die Europäer, die festlegten, was eigentlich „Arbeit" ist – und das war nur körperliche Arbeit. Handel treiben, Kriege führen, dichten und Lieder singen galt nicht als Arbeit.
Man hatte auch Vorstellungen davon, wie die Arbeiter aussehen und leben sollten (kurze Haare, früh aufstehen, täglich gleicher Tagesablauf, etc.)

In Preußen wurde 1912 ein „Arbeitsscheuengesetz" verabschiedet, denn es gab sehr viele Obdachlose, die umherzogen (ca. 1 % der Bevölkerung). Es wurden dann viele Menschen wegen Bettelei und Landstreicherei verurteilt.

In Deutschland („Arbeiterkolonien", Bodelschwingh) und in den Kolonien mussten diejenigen, die zur Arbeit „erzogen" werden sollten, genau die gleichen Arbeiten ausführen, z.B. Straßenbau.
Bodelschwingh wurde von den Missionsgesellschaften nach Afrika eingeladen. Er baute dort Kolonien

auf, die nach den gleichen Grundlagen wie die Arbeiterkolonien in Deutschland geführt wurden.

Leitwort der Mission: Heiden sind wie Kinder.

Mission:

Die Mission gab es bereits vor der Kolonialzeit, und es gibt sie bis heute. Hier geht es aber um Kolonialmission, d.h. christliche Missionsarbeit in der kolonialen Gesellschaft.

Der Papst gab seine Erlaubnis zur Mission, wegen des Vertrages von Tordesillas (1494). Es waren ausschließlich Männerorden, die diese Mission durchführte, z.b. die Franziskaner und Jesuiten.
Aber in der Kolonialmission spielten auch Frauen eine Rolle, z.b. katholische Ordensschwester, oder protestantische Ehefrauen bzw. Lehrerinnen.

Die Basler Missionsgesellschaft rekrutierte sehr viele Deutsche, außerdem gab es die Rheinische Mission, und ide katholische Steyrer Mission. Außerdem Missionsgesellschaften aus den USA.
Das Hauptziel der Missionsgesellschaften war und Afrika. Diese passten zu dem Bild des Heiden, wie es in der Bibel vermittelt wurde.

Friedrich Fabri (1824-1891): „Bedarf Deutschland der Colonien?"
Er war ein Missionare, der bereit 40 Jahre aktiv in Afrika missioniert hatte, als er das schrieb.

Es gab bereits vor 1884 Missionen.

Baptist Missionary Society, in Kamerun aktiv. Es missionierten hier nun auch Schwarze, und die Missionsgesellschaft entsandte ganze Familien.

„Back to Africa"-Bewegung: Afrikaner aus den Südstaaten der USA wurden z.B. nach Liberia gebracht, um dort zu missionieren.

Joseph Merrick, Joseph Jackson Fuller: Missionare, die Grammatiken der jeweiligen afrikanischen Landessprache erstellten. Ziel: Übersetzung der Bibel.

Wichtige Überzeugung der Prostestanten: Man konnte nur erfolgreich konvertieren, wenn man das Wort Gottes in der Muttersprache hören konnte. (Daher werden auch heute noch viele Bibelübersetzungen angefertigt.)

Die Kirchen erteilten auch Unterricht, und sie bauten ihre Kirchen so, dass sie auch als Schulen genutzt werden konnten. Die Duala z.B. begriffen schnell, wie wichtig es war, lesen und schreiben zu können, um die Verträge zu verstehen, die sie unterzeichneten.

Manga Ndumbe: Missionsschüler der Baptisten. Christlicher Name nach der Taufe: August Manga Bell. (Er hat sich aber nicht komplett angepasst, denn er hatte mehrere Frauen.)

[Frau Bielstein, Rewe: Ansprechpartnerin fürs Regale einräumen]

Missionsstationen bildeten in handwerklichen Berufen aus. Frauen wurden in Handarbeiten ausgebildet, z.B. Häkeln und Nähen.

Im Norden Kamerun war es explizit verboten, zu missionieren. Dort wurden auch keine Schulen eingerichtet. Es gab aber Koranschulen. Diese lehrten aber nur die arabische Schrift. Das Problem war, dass Suaheli in lateinischer Schrif geschrieben wurde.

Stundenplan einer Missionsschule in Togo:
Religion, Ewe, Rechnen, Singen, Schönschreiben, Deutsch.

Es gingen kaum Schüler auf Regierungsschulen. Sie teilten sich auf evangelische und katholische Missionsschulen auf.

Ende 1914 war ca. 1% der Bevölkerung in Deutsch-Ostafrika christlich getauft.

Mission und Gewalt:
Beispiele: Maji-Maji-Krieg, Herero-Krieg.
Im Maji-Maji-Krieg waren 7 der 15 europäischen Todesopfer Missionare. Im Herero-Krieg brachte man Frauen und Kinder auf die Missionsstationen, um sie zu schützen.

Schauri: Die Missionare hielten „auf der unteren Ebene" Gericht ab und konnten auch Urteile vollstrecken. Besonders dort, wo es sonst keine koloniale Präsenz gab. Außerdem waren sie für die Gesundheitspflege und für die Eintreibung von Steuern zuständig.

Mission und Gewalt: Die Missionare kämpften selbst im Krieg, d.h. viele von ihnen töteten Afrikaner bzw. wurden von ihnen im Maji-Maji-Krieg getötet. Andere Missionare blieben gewaltlos. Es wurden Missionare von den Afrikanern versteckt.

Fallbeispiel DSW: Hier wurden die Missionsstationen verschont, und man brachte die Frauen und Kinder dorthin, wo sie nicht angegriffen wurden.

Die Oorlam wandten sich von der Rheinischen Mission ab. Die Rheinische Mission verbündete sich dann mit den Herero. Die Herero standen mit den Oorlam in Konflikt. Die Missionsstationen wurden im ganzen südlichen Afrika als strategische Projekte wahrgenommen, denn dort gab es Wasser, Informationen, und dort konnte man Handel treiben (z.B. gab es dort auch Pferde und Waffen).

Die Oorlam griffen 1850 die Missionsstation der Rheinischen Mission an. Friedensvertrag 1870.
Konfliktparteien: Oorlam, Herero, Nama.
Die Rheinischen Missionare konnten dann nach diesem Friedensschluss im gesamten dortigen Gebiet aktiv werden.

Die Herero und Nama setzten die Missionsstationen nicht mit der deutschen Kolonialherrschaft gleich.
Krieg von 1904: Schlacht am Waterberg, die Herero wurden dann in die Wüste vertrieben.
Die Missionare waren Zeugen und protestierten gegen diesen Krieg. Sie schlugen vor, Gefangene zu machen und diese irgendwo hin zu transportieren, d.h. die Herero nicht in der Wüste verdursten zu lassen. Der Befehlshaber von Trotha wollte davon nichts wissen. Erst Ende 1904 bzw. Mitte 1905 änderte sich die Situation. Dann sammelten die Missionare die Gefangenen in verschiedenen Lagern und organisierten dort die Essensausgabe etc.

Die Missionare berichten über die schlechten Zustände in den Lagern.

Einigen Herero gelang die Flucht aus den Lagern. Sie gelangten über Walvisbay nach Südafrika und arbeiten dort als Minenarbeiter.

Nach Auflösung der KZs gab es weiterhin Sammellager. 1908 kamen noch 15.000 Herero in diese Sammellager. Es kam dort zu massenweisen Konversionen zum Christentum (siehe Herero Heroes). Seiner Meinung nach war der wichtigste Grund, dass das Christentum Schutz bot, Zusammenhalt und Zugang zu Informationen. Es gab zwar auch vorher schon Christen unter den Herero, aber die massenweise Konversion ist ein Resultat dieses Krieges. Die Missionare boten ein gewisses Maß an Schutz gegen die Gewalt durch andere Europäer. Christen wurden registriert, und die Missionare fragten nach, wenn jemand verschwand. Also Schutz gegen Willkür.

Die Kolonialherren konnten dagegen nichts machen, denn mit der möglichen Konversion zum

Christentum wurde der Kolonialismus ja legitimiert.

Die Missionare konnten sich frei bewegen und konnten auch Familienzusammenführungen von einem Lager in ein anderes organisieren. Auch Herero, die als Prediger aktiv waren, konnten sich frei bewegen.

Diese Gründe kamen also zu den spirituellen Gründen noch hinzu.

Die koloniale Gewaltausübung war also für die Missionserfolge zuträglich.

Gegenrichtungen und Transräume:
Man schaut nicht nur von Europa aus in die Kolonien, sondern auch von den Kolonien aus nach Europa. Wichtig sind hier z.B. Samuel Maharero oder Hendrik Witbooi.

Aber auch Leutwein und von Trotha sind für die Betrachtung dieser „Gegenrichtungen" wichtig.

„Eingeborener" = juristischer Ausdruck. Für diese galt ein anderes Recht.

Wenn man den Kolonialismus untersucht, geht man erst einmal von der Realität aus, ohne die Menschen gleich in weiß und schwarz, in Täter und Opfer einzuteilen. Das Ziel ist auch nicht, sich mit den moralischen Kategorien zu befassen, sondern einfach die Vergangenheit zu untersuchen. Nur so kann man die Komplexität dieser Vorgänge erkennen.

Auch heutzutage ist die Welt sehr komplex. Das liegt wohl daran, dass jeder in sich Gut und Böse trägt, daher kann sich jede Person in unterschiedlichen Situationen unterschiedlich verhalten.

Man könnte das auch pychoanalytisch untersuchen, z.B. Jacques Lacan (Weiterentwicklung der Theorien von Freud). Irgendwann erkennt das Kind, dass es von anderen getrennt ist (Verlust) und eigenständig ist (Blick der anderen). Dialektisches Verhältnis zwischen dem Subjekt (Kind) und der Umwelt.

Im 19. Jahrhundert wollte man homogene Räume und homogene Identitäten, also klare Grenzen zu den anderen (Wilde, Schwarze, auch Frauen). Aber diese klare Abgrenzung konnte nie komplett erreicht werden.

Die Sicht von Lacan ist weiterentwickelt worden von Deleuze Guattari. Dieser sagt, dass sich ein Subjekt ständig verändert und nie richtig „fertig" ist. Wenn man aber ständig auf der Suche nach sich selbst ist, dann kann es aber auch keine klare Grenze zu anderen geben.

Frederik Cooper (2012): Colonialism in Question (dt.: Kolonialismus denken).

Seit den 1980er Jahren: Post Colonial Studies. Diese Leute legen das Raster von Opfer und Täter auf die Vergangenheit an und finden auch immer Opfer und Täter. Cooper und andere sehen das ganz anders. Lebhafte Debatte.

Kann man von einer kolonialen Weltsicht sprechen? Cooper meint, dass man zuerst die konkrete Situation untersuchen sollte. Den Kolonialismus an sich bezeichnet er als abstrakten Begriff. Dieser kann nicht handeln. Es gibt immer Akteure.

John Iliffe, Maji-Maji-Krieg, Tanganjika under German Rule

Homi Bhabha, Die Verortung der Kultur
Durch Kolonialismus wird ein Ausnahmezustand geschaffen. Daher muss es einen ständigen Diskurs geben, d.h. der Kolonialismus muss sich ständig erklären.

Cooper: „Die Unterscheidung zwischen Kolonisator und Kolonisiertem war keinesfalls selbstverständlich sondern musste ständig reproduziert werden".

Das bürgerliche Subjekt bildet sich hier und grenzt sich ab gegen die „Arbeitsscheuen" in der eigenen Gesellschaft und die „Eingeborenen" außerhalb der eigenen Gesellschaft.

„Subjektivierung": Man bildet sich als Subjekt, und das geht bis hin in die körperliche Ebene, z.B. wer arbeitet, muss kurze Haare haben. Doris Lessing, Afrikanische Tragödie. (Es ist ein Hausangestellter da, von dem sich die Farmersfrau sehr bedroht fühlt, obwohl er immer freundlich zu ihr ist.)

Eigentlich sind diese Grenzen künstlich, aber deswegen müssen sie ständig aufrechterhalten werden.

Beispiel dazu: Duala (Kamerun) auf em Weg nach Deutschland, 1902 (Foto).
Einige der Afrikaner tragen europäische Kleidung. Anpassung. Man sah es teilweise auch als Bedrohung und zog diese Personen ins Lächerliche („Hosenneger").

„Third Space" (siehe Cooper) - wenn man davon spricht, geht man eigentlich davon aus, dass es eine Trennung zwischen zwei Gruppen gibt.

King [Bell], der Vater der Familie auf dem Foto, hat den Schutzvertrag unterschrieben.

Coumie bzw. Kumi: Tributzahlungen der außerafrikanischen Händler. Das gab es schon seit hunderten von Jahren an der westafrikanischen Küste. Man zahlte Tribut, dafür garantierten die Kings und Chiefs den Schutz von Leben und Eigentum. Diesen Coumie ließen sich die Duala von der Kolonialmacht bestätigen. Sie vergaben in diesem Vertrag aber das „right of souvereignity". Die Kaufleute wollten daher nicht zahlen (das war auch ziemlich teuer) und beschwerten sich bei der deutschen Regierung.

Die Kaufleute, die sich gut auskannten, sprachen sich dafür aus, den Coumie weiter zu zahlen, denn schließlich hatte man das persönlich mit den Afrikanern ausgehandelt.

Die Duala wollten nun, dass die Vertreter der deutschen Regierung den Coumie eintrieb und direkt an sie zahlte, denn die Kaufleute hatten manchmal zu spät oder gar nicht bezahlt. Sie haben das auch erreicht.

Mit einem Teil des Coumie wurde die Infrastruktur vor Ort finanziert. Aber dieses Geld wurde dann von den Dorfoberhäuptern zurückgefordert. Daher beschwerten sich die Duala bei den Deutschen darüber. Die Duala kritisierten auch, dass es unterschiedliche Rechte für Deutsche und Eingeborene galten.

Die Beschwerden hatten aber zuerst noch kein Ergebnis, daher fuhren die Duala 1902 persönlich nach Deutschland, um mit dem Kaiser zu sprechen.
Es ging um die Jagdverordnung in Kameron. Die Eingeborenen durften keine Schusswaffen mehr für die Jagd nutzen und Elefanten nicht mehr durch „Einkreisung" jagen (aber anders konnte man sie nicht jagen).
Andere Punkte waren Zwangsarbeit und respektlose Behandlung.
Es waren Angehörige der Oberschicht in der Gesellschaft von Kamerun, die gerne Elefanten gejagt hätten und das nun nicht mehr konnten, daher protestierten sie gegen diese Regelung.

Literaturhinweise:

Hans Gründer: Geschichte der deutschen Kolonien (UTB).

Winfried Speikamp: Deutsche Kolonialgeschichte (Reclam)

Sebastian Conrad: Deutsche Kolonialgeschichte (Beck Wissen – alles muss auf 120 Seiten präsentiert werden).

Heute geht es darum, wie der Maji-Maji-Krieg in diesen drei Büchern repräsentiert wird.

Gründer: Eurozentrische Sicht.

Conrad = bestes Buch

Conrad sieht die Maji-Maji-Bewegung als religiöse Bewegung.

chiliastische Bewegung = Erlöserbewegung. Man erwartet die Wiederkunft Jesu und das 1000-jährige Reich.

Speitkamp verwendet dieses Wort für die Maji-Maji-Bewegung, obwohl das ja keine Christen waren.

Osterhammel: Im 19. Jahrhundert dachte man, dass alle Nichteuropäer fest im Griff einer Religion waren. Nur in Europa konnte man sich davon befreien. (Zitat)

Die Maji-Maji-Bewegung sah man z.B. als Naturreligion. Wenn man diese Bewegung als religiös bezeichnet, dann ist das eine entpolitisierung.

Zeitgenössische Quellen:

Gouverneur Graf von Goetzen in einer Denkschrift an den Reichstag 1905: Fanatismus – Der Aufstand ist keine religiöse Bewegung.

Von Goetzen sieht zwar, dass die Afrikaner an Zauberwasser glauben, dass aber das Motiv des Aufstands im politischen, nicht im religiösen Bereich liegt.

Zauberglaube: Glaube an den Schlangengott Koleo, der sagte, dass man sich mit geweihtem Wasser aus bestimmten Quellen besprengen lassen sollte, um die Fremden vertreiben zu können.

Goetzen denkt, dass die Aufständischen nicht aus politischen Gründen, sondern durch die „religiösen Eiferer" so fanatisch waren.

Vieles aus diesen zeitgenössischen Quellen wird heute in der Historiographie als Tatsache behandelt, z.B. das mit dem heiligen Wasser.

Gilbert Gwassa, John Iliffe: Maji-Maji Research Project.

Das war 1969, „Tanganjika under German Rule", also zur Zeit der afrikanischen Unabhängigkeitsbewegungen.

Durch „Maji" wird die Einheit hergestellt.

History in Africa, The Journal of African History: Fachzeitschriften zu afrikanischer Geschichte.

„Abrahamic Source": Christentum und Islam.
Die Maji-Maji-Bewegung stand im Gegensatz zu beiden Religionen.

In der Denkschrift wird folgendes erwähnt:
Prophet Kinjeketile (wie Jesus z.B.)
Schlangengott Koleo (wie Gott)
Wasser
→ Diese Elemente kommen von den deutschen Kolonialbeamten und werden dann in Erzählungen
übernommen.
Es erzählten auch Afrikaner in den 1950er/60er Jahren davon.

Suaheli: Kontaktsprache der afrikanischen Oberschicht.
„Maji" = Suaheli für „Wasser".
Diejenigen, die im Maji-Maji-Krieg kämpften, hatten Suaheli nicht als Muttersprache, höchstens als
Kontaktsprache.
→ Die Bezeichnung kann nicht von den Afrikanern gekommen sein. Vermutlich hat man den Deutschen
erklärt, „das ist Maji", und so ist diese Bezeichnung entstanden.

„Dawa" - das war eigentlich wichtiger als das Wasser.

Das monotheistische Konzept von „Koleo" wurde von einem Historiker [Klangrot] erst so zentral
gemacht.
Assoziation: Verführung von Eva durch die Schlange.
In Afrika wird die Schlange mit Wohlstand assoziierte. Außerdem ist der „Schlangengott" dort gar nicht
so wichtig, wie ihn der christliche Missionar darstellte.

„Erweckungserlebnisse" finden sich überall – beim Maji-Maji-Krieg, bei Hendrik Witbooi, bei Maharero,
etc.
Aber all diese Geschichten haben eine Gemeinsamkeit: Sie wurden von Missionaren aufgeschrieben.

Auch im Maji-Maji-Krieg sollte man sich nicht zu sehr auf das Wasser konzentrieren, sondern eher
darauf, dass die Leute miteinander Informationen austauschten, und aus welchen (politischen)
Gründen sie kämpften. Diese Kommunikation konnte nicht kontrolliert werden. ... Es gab nicht einen
einheitlichen Grund für den Krieg, sondern es gab Netzwerke, die bereits vor der Kolonialzeit existiert
haben, und innerhalb dieser Netzwerke hat sich der Krieg dann entwickelt. → Soll man diesen Krieg
überhaut noch als Maji-Maji-Krieg bezeichnen?